180가지 사례로 본

스코어를 줄이는
골프규칙 100

180가지 사례로 본

스코어를 줄이는
골프규칙 100

김경수 지음

한국경제신문

골프규칙은 간단한 듯하면서도 복잡하다. 비슷한 사안에 대해서 경기위원(회)마다 다른 판정을 내놓기도 한다. 아마추어 골프세계에서는 더 말할 나위가 없다. 큰 소리로 다투는가 하면, '누이 좋고 매부 좋다'는 식으로 슬쩍 넘어가기도 한다. 규칙은 지키라고 있다. 그것도 제대로 알고 지켜야 누구에게나 공정하다. 위반할 경우엔 당연히 벌이 따라야 하고, 위반하지 않았는데 억울하게 벌타를 받아서도 안 된다.

이 책에서는 아마추어 골퍼들이 자주 맞닥뜨리는 100가지 상황을 모았다. 이미 잘 알고 있는 것도 있고, 잘 몰라서 대충 넘어간 것도 있을 것이다. 설명만으로 부족한 것은 그림과 사진을 첨부했다.

모두 180여 가지의 사례는 기자가 골프 취재를 맡은 1993년부터 2009년 8월 말까지 전 세계 각 골프대회에서 실제 발생한 것을 모은 것이다. 직접 눈으로 본 것도 있고, 외신을 통해 전해들은 내용도 있다. 모든 사례는 이해를 돕기 위해 규칙 위반 실수를 했던 골퍼들의 실명을 그대로 실었다. 거론된 선수들은 아마추어 골퍼들에게 규칙에 대한 이해를 돕는 데 일조했다는 것을 위안삼아 이 점을 널리 양해해 주시길 바란다.

골퍼들이 집에서, 사무실에서, 그리고 필드에서 수시로 꺼내보며 규칙에 대한 지식을 넓히는 장면을 상상해보는 것만으로도 필자는 행복해할 것이다. 보고 또 보고, 물어보고, 찾아보고, 확인도 했으나 부족한 점이 있을 수도 있다. 언제라도 독자들의 고견을 받아들일 준비가 되어 있으므로 많은 질책과 조언을 바란다.

책이 나오기까지 많은 조언을 해주신 김광배 한국여자프로골프협회 고문, 김동욱 대한골프협회 전무, 그리고 동료 골프 담당 기자, 본의는 아니었겠지만 규칙 위반의 좋은 사례를 제공해준 선수들에게 감사드린다. 허구한 날 집을 비우는 필자를 가장이라고 이해해주려 애쓰는 가족들에게 이 책을 바친다.

2010년 7월
김경수

1. 골프규칙은 스트로크플레이와 매치플레이에서 그 적용이 다른데, 이 책은 스트로크플레이를 기준으로 한다.

2. 이 책은 모두 7장으로 구성되었다. 부록에는 즉석에서 핸디캡을 산출할 수 있는 '신페리오 방식'과 '캘러웨이 방식'에 대해 설명했다.

3. 다음은 자주 등장하는 기본적인 용어들이다.

■ 국외자(outside agency)

플레이어 편과 관계가 없는 모든 사물과 사람을 말한다. 플레이어 편의 캐디나 볼, 휴대품을 제외한 것들이다. 심판원·마커·업저버·포어 캐디·갤러리 등이 이에 해당한다. 바람과 물은 국외자가 아니다.

■ 루스 임페디먼트(loose impediments)

고정돼 있지 않고 생장하지 않으며, 땅에 단단히 박혀 있지 않고, 볼에 달라붙어 있지 않은 것을 말한다. 구체적으로 돌, 낙엽, 떨어진 솔방울, 동물의 배설물, 벌레, 곤충 등을 일컫는다. '자연 장해물'이라고 부르기도 한다.

■ 니어리스트 포인트 오브 릴리프(nearest point of relief)

'가장 가까운 구제 지점'인데, 혹자는 '니어리스트 포인트', '구제의 기점' 등으로 표현하기도 한다. 이 지점은 움직일 수 없는 장해물, 비정상적인 코스 상태, 다른 퍼팅 그린에 의한 방해로부터 벌 없이 구제받을 때의 기점을 뜻한다. 이 지점은 볼이 놓여 있는 곳에 가장 가까운 코스 위의 한 지점으로 ① 홀에 더 가깝지 않고 ② 볼이 그곳에 있다고 가정했을 때 구제를 받고자 하는 상태가 치는 데 방해가 안 되는 곳이다.

이 지점을 정확하게 정하기 위해서는 칠 방향으로 서서 어드레스를 취하고 다음에 칠 때 사용하고자 하는 클럽으로 스윙을 해보고 결정하는 것이 바람직하다. 예컨대 볼이 홀에서 100m 떨어진 곳에 있는 지주목 곁에 멈춰 구제를 받는다고 하자. 이때 홀에 가깝지 않고, 지주목이 방해가 되지 않는 곳에서 어드레스 자세를 취하고 피칭웨지(9번아이언)로 스윙을 해보고 이 지점을 정하는 것이 좋다는 얘기다. 이 지점이 정해지면 그곳(대개는 티나 볼마커 등으로 표시함)으로부터 한 클럽 길이 내에 드롭하고 쳐야 한다.

■ 스루 더 그린(through the green)

현재 플레이하고 있는 홀의 티잉그라운드와 퍼팅 그린, 코스 안에 있는 모든 해저드를 제외한 코스의 전 지역을 말한다. 티잉그라운드, 그린, 벙커, 워터해저드를 뺀 나머지 지역(페어웨이 · 러프)을 말한다.

■ 캐주얼 워터(casual water)

플레이어가 스탠스를 취하기 전이나 취한 후에 볼 수 있는 코스 위에 일시적으로 고인 물. 비가 오거나 물이 흘러내려와 페어웨이나 러프에 일시적으로 고인 물이라고 보면 된다. 워터해저드 내 지역은 캐주얼 워터에 해당되지 않는다.

4. 골프규칙은 34개조와 부속규칙으로 구성돼 있다. 골프규칙은 영국왕
   립골프협회(R&A)와 미국골프협회(USGA)가 올림픽이 열리는 해에
   조금씩 수정 보완한다. 4년마다 개정 작업을 하는데, 가장 최근엔 베
   이징올림픽이 열린 2008년에 했으므로 2012년에 다시 그 작업을 하
   게 된다. 물론 이 책은 2008년 기준으로 만들어진 것이므로 2012년에
   는 일부가 맞지 않을 수도 있겠다. 두 항목에 모든 상황을 다 담을 수
   없으므로 판례집인 '골프규칙재정'으로써 보완한다. 재정은 2년 주기
   로 개정된다. 따라서 현재의 재정은 2011년까지 변함없이 유효하다.

5. 규칙의 각 조항은 정확하고 신중한 방식으로 기록돼 있다. 따라서 표
   현을 잘 이해해야 하고 해석하는 데 주의해야 한다.
       예를 들어 '…할 수 있다'와 '…해도 된다'(may)는 표현은 '그 행동은
   선택적 또는 임의로 할 수 있음'을 뜻한다. '플레이어는 그 스트로크
   를 취소할 수 있다'가 그 예다.
       '…해야 한다'와 '…하도록 한다'(should)는 표현은 '그 행동을 권
   고·권장하지만 반드시 그렇게 해야 하는 것은 아님'을 뜻한다. '마커
   는 스코어를 검사해야(하도록) 한다'가 그런 예다.
       끝으로 '…하지 않으면 안 된다'(must)는 표현은 '지시 또는 명령'을
   뜻한다. 따라서 그렇게 하지 않으면 벌타가 따른다. '플레이어의 클럽
   은 규칙에 적합하지 않으면 안 된다' '잠정구를 칠 때에는 반드시 그
   의사를 밝히지 않으면 안 된다' 등이 그 예다.

CONTENTS

1장 반드시 알아야 할 골프규칙 10

2장 상식으로 알아야 할 골프규칙

3장 일반적인 골프규칙

5장 벙커, 워터해저드에서의 골프규칙

6장 그린 주변에서의 골프규칙

7장 퍼팅 그린에서의 골프규칙

부록

1장

반드시
알아야 할
골프규칙 10

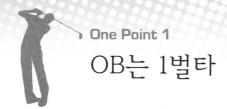

OB는 1벌타

OB(out of bounds)는 '코스 밖' 구역으로 골퍼들에게 달갑지 않은 말이다. 친 볼이 OB가 나면 1벌타를 받은 뒤 종전 쳤던 지점에 되도록 가까운 지점에서 볼을 플레이해야 한다.

벌타를 받고 원구를 최후로 플레이했던 지점에서 다시 쳐야 하므로 '스트로크'와 '거리' 면에서 동시에 손해를 보게 된다. 볼이 래터럴 워터해저드에 빠질 경우 해저드 근처에서 드롭하고 칠 수 있는 것과는 다른, 중벌이다. 'OB=2벌타'로 잘못 알고 있는 골퍼들이 많다. OB는 어디까지나 1벌타다. 단 OB가 난 지점이 아니라, 그 볼을 쳤던 지점에서 다시 쳐야 한다.

한국, 중국, 일본이나 동남아 국가 골프장에 'OB티'라는 것이 있다. 티샷이 OB가 날 경우 1벌타 후 티잉그라운드에서 다시 쳐야 하는데, 페어웨이로 나가서 치라는 의미에서 설치해둔 특설티다. 그러나 OB티는 골프규칙에 없는 것이다. 따라서 사라져야 할 관행이다. OB티를 둔 것은 순전히 진행을 위해서다. 골프규칙의 본뜻, 골퍼의 뜻과는 상관없이, 골프장 편의대로 만들어 놓은 것이다. 따라서 OB가 날 경우 캐디가 "OB티로 나가서 쳐라."라고 말해도 "규칙에도 없는 것을 왜 강요하느냐."라는 말로 물리쳐야 한다.

그 OB티 때문에 'OB=2벌타'라는 오해가 생겨난 것이다. 티샷이 OB가 나 티잉그라운드에서 다시 치면 3타째가 되는데, OB티로 나가서 칠 경우 1타의 거리만큼 전진했기 때문에 4타째(원구 1타+1벌타+전진 1타+지금 치는 타수 1타)로 치는 것이 우리 골퍼들 습속이다. 그래서 2벌타라고 아는 골퍼들이 많다. 한 걸음 더 나아가 OB티에서 아예 티업을 한 뒤 샷을 하는 골퍼들도 있다. OB티에 나가서 치는 것도 그럴 진대, 정말 꼴불견이 아닐 수 없다. 한 홀에서 티업할 수 있는 장소는 티잉그라운드 한 곳 뿐이라는 것을 명심하자. 〈규칙 27-2b〉

Real story

● 김창민, 억세게 운 없는 사나이

2007년 4월 제주 제피로스CC에서 열린 한국프로골프 토마토저축은행오픈 2라운드 5번홀(파4)에서 13오버파 17타를 친 선수가 있었다. 주인공은 김창민이다. 그는 그 홀에서 티샷 OB를 여섯 번이나 냈다. 스코어를 계산해보자. 첫 티샷(1타), 첫 OB후 두 번째 티샷(3타째)도 OB, 세 번째 티샷(5타째)도 OB, 네 번째 티샷(7타째)도 OB, 다섯 번째 티샷(9타째)도 OB, 여섯 번째 티샷(11타째)도 OB, 일곱 번째 티샷(13타째)을 겨우 페어웨이에 떨어뜨렸으나 그 다음 샷(14타째)을 그린에 올리지 못했다. 결국 15온2퍼트로 '한 홀 17타'를 기록하고 말았다. 김창민은 "무엇인가에 홀린 것 같다."라며 말을 잇지 못했고 결국 전반 종료 후 기권했다. 그해 8월 박남신도 KPGA 선수권대회 2라운드 1번홀(파5)에서 티샷이 러프에 간 뒤 다음 샷을 네 번이나 OB를 낸 끝에 11온2퍼트로 8오버파 13타를 기록했다.

One Point 2

볼이 카트도로에 멈추면 무벌타 구제받는다

포장된 카트도로는 움직일 수 없는 인공장해물이다. 따라서 스탠스를 취하거나 스윙을 하는 데 카트도로가 방해가 되면 구제를 받을 수 있다. 수리지, 캐주얼 워터(일시적으로 고인 물), 배수구 등도 마찬가지로 구제받는다.

구제받으려면 '니어리스트 포인트'(가장 가까운 구제 기점)를 알아야 한다. 카트도로 상의 볼로부터 한 클럽 길이 내에 드롭하고 치는 것이 아니라, 니어리스트 포인트로부터 한 클럽 길이 내에 드롭하고 쳐야 하기 때문이다.

니어리스트 포인트는 ① 장해물을 피하고 ② 홀에 가깝지 않은 곳으로서 ③ 볼에서 가장 가까운 지점이다. 이 포인트를 정했으면 그곳에 표시(보통 티를 꽂음)를 한 뒤 그곳으로부터 홀에 가깝지 않은, 한 클럽 길이 내 지점에 드롭하고 플레이를 속개하면 된다. 물론 드롭한 볼이 최초로 낙하한 지점으로부터 두 클럽 길이 이상 굴러가거나, 홀 쪽으로 가깝게 가거나, 다시 카트도로의 방해를 받는 경우 등에는 재드롭을 해야 한다.

특히 카트도로 때문에 구제를 받고 드롭했는데, 다시 카트도로가 방해가 되는데도 라이가 좋다는 이유로 카트도로를 밟은 채 샷을 하면 2벌타가 따른다. 일단 구제를 받으면 카트도로를 완전히 벗어나야 한다.

니어리스트 포인트는 오른손잡이 골퍼와 왼손잡이 골퍼가 약간 다를 수 있다.　　　　　　　　　　〈규칙 24-2b〉(108쪽 그림 참조)

(108쪽 그림 참조)

Real story

● 이영미, 아쉬움 두 배

1992년 4월 일본여자프로골프 도하토레이디스 최종 3라운드. 2라운드까지 선두였던 이영미는 13번홀(파4)에서 뜻하지 않는 규칙 위반으로 2주 연속 우승을 놓치고 만다. 티샷이 연못 앞 수리지에 떨어졌다. 비가 와서 수리지와 그 주변은 물이 흥건했다. 이 경우 수리지 밖에 니어리스트 포인트를 정한 뒤 그곳으로부터 한 클럽 길이 내에 드롭해야 한다.

그러고도 캐주얼 워터가 방해되면 또 동일한 절차에 의해 차례대로 구제받으면 된다. 그러나 이영미는 수리지 내의 볼을 집어 곧바로 캐주얼 워터 밖 물 없는 후방에 드롭한 뒤 샷을 했다. 동반플레이어인 오카모토 아야코가 클레임을 걸었고, 한국 선수들의 우승 행진을 곱지 않은 시선으로 보아온 일본 경기위원은 이영미에게 오소 플레이를 적용, 2벌타를 부과했다.

이영미는 2타차 3위로 대회를 마쳤고 오카모토가 우승컵을 차지했다. 어처구니없기도 하고, 아쉽기도 한 장면이었다. 때마침 그날 재일교포 프로 김주헌(가네코 요시노리)이 일본프로골프 먼싱웨어오픈에서 우승했기 때문에 이영미의 벌타는 안타까움을 더해 주었다.

🔵 캐리 웹, 순간적인 실수

2000년 브리티시여자오픈 3라운드 때의 일. 캐리 웹이 1번홀(파5)에서 어프로치샷을 한 볼이 스프링클러 덮개 옆에 멈췄다. 웹은 무심코 볼로부터 한 클럽 길이 내에 드롭하고 쳤다. 니어리스트 포인트를 정한 뒤 그곳으로부터 한 클럽 길이 내에 드롭하고 치지 않았으므로 2벌타가 따랐음은 물론이다. 그 홀 스코어는 버디에서 보기로 변했고, 당시까지 6타차 2위였으나 8타차의 4위로 추락하고 말았다.

🔵 페인 스튜어트, 구제받은 후에는 카트도로를 벗어나라

비행기 사고로 유명을 달리한 페인 스튜어트가 1993년 미국PGA투어 대회에서 카트도로 때문에 2벌타를 받은 적이 있다. 볼이 카트도로에 떨어져 구제를 받고 드롭했는데, 스탠스를 취하니 오른발 뒤꿈치가 여전히 카트도로에 걸렸다. 그런데도 스튜어트는 샷을 강행했고 이 장면은 TV 중계 화면에도 확연히 비쳤다. 카트도로 때문에 구제를 받았다면 카트도로를 완전히 벗어난 상태에서 샷을 해야 한다. 스튜어트는 그 규칙을 어겼기 때문에 2벌타를 받았다.

One Point 3

볼끼리 부딪칠 경우
맞은 볼은 리플레이스한다

볼과 볼끼리 부딪치는 경우가 가끔 있다. 이때 보편적 원칙은 '맞힌 볼은 멈춘 자리에서 플레이하고, 맞은 볼은 원위치에 갖다 놓는 것'이다. 구체적인 상황을 사례로 본다.

◆그린 밖에서 친 볼이 그린에 있는 볼과 부딪쳤을 때 :

맞힌 볼은 정지한 곳에서 플레이한다. 맞은 볼은 원래 위치에 플레이스한다. 둘 다 벌타가 없다. 그린 밖에서 친 볼이 부딪친 뒤 홀 속으로 들어가면 홀인으로 인정된다.

◆A와 B가 그린 밖에서 동시에 어프로치샷을 했는데 볼끼리 부딪쳤을 때 :

A와 B 두 사람 모두 볼이 멈춘 자리에서 다음 플레이를 하면 된다. 스트로크플레이에서는 타구 순서가 바뀌어도 상관없다.

따라서 둘 모두 벌타는 없다. 볼이 부딪친 뒤 A의 볼은 홀 속으로 들어가고 B의 볼은 OB가 됐다면 A의 볼은 홀인으로, B의 볼은 OB가 되는 것이다.

◆그린의 같은 거리에서 C와 D가 동시에 퍼트한 볼이 부딪쳤을 때 :

움직이고 있는 볼을 맞혔지만 무벌타다. 둘 다 그 스트로크를 취소한 뒤 원래 위치에서 차례차례 다시 치면 된다. 이 경우 각각 상대방 볼은 '움직이는 국외자'로 간주한다. 같은 거리가 아닐 경우 홀에서 가까운 쪽이 2벌타를 받으며 두 사람 모두 다시 친다.

◆E가 그린에서 퍼트한 볼이 마크하지 않은 그린 상의 F 볼을 맞혔을 때 :

E에게만 2벌타가 주어진다. F는 무벌타다. 따라서 퍼트할 때 동반자의 볼이 마크하지 않은 상태로 있다면 동반자에게 마크하도록 요구하는 것이 뜻밖의 벌타를 미연에 막는 길이다.

E는 2벌타 후 볼이 멈춘 자리에서 다음 플레이를 하면 되고, F는 원위치에 갖다 놓는다. E의 볼이 홀 속으로 들어갈 경우 2벌타가 따르지만, 홀인은 인정된다. F의 볼이 홀 속으로 들어갈 경우는 홀인이 아니고, 원위치에 갖다 놓아야 한다.

◆그린 밖 70m 지점에서 G가 친 볼이 이미 그린에 올라 있는 H의 볼과 부딪쳤으나 H 볼의 원위치를 잘 모를 경우 :

H의 볼이 국외자에 의해 움직인 케이스다. 이때 H는 원래 위치에 되도록 가까운 곳으로서 홀에 근접하지 않은 곳에서 플레이를 하면 된

다. G는 볼이 멈춘 곳에서 벌타 없이 다음 플레이를 하면 된다.

♦I가 먼저 홀인을 한 뒤 볼을 홀에서 꺼내지 않았는데 J가 친 볼이 홀로 들어가 부딪쳤을 경우 :

I와 J 모두 무벌타다. I는 이미 홀아웃한 상태로 그 홀 플레이가 끝났기 때문에 J의 볼과 홀 속에서 부딪쳐도 상관없다.

♦K가 퍼트했는데 후속조인 L의 볼이 날아와 K의 볼을 맞혔을 경우 :

K는 그 스트로크를 취소한 뒤 원위치에서 다시 퍼트하면 된다. K나 L이나 벌타는 없다. 〈규칙 18, 19, 20-3c〉

Real story

● 데이브 스톡턴, 어찌 이런 일이!

1994년 미국PGA 시니어플레이어스챔피언십 최종 라운드 때 발생한 일. 데이브 스톡턴이 어프로치샷한 볼이 그린사이드 벙커에 빠졌다. 그런데 다음 순간 동반플레이어가 친 볼도 그 벙커에 빠지더니 스톡턴의 볼을 건드렸다. 그 바람에 스톡턴의 볼은 벙커에서 저만큼 굴러갔다. 이 경우 스톡턴의 볼은 제자리에 갖다 놓아야 하는데 벙커이다 보니 드롭을 할 것인가, 플레이스를 해야 할 것인가가 의문이었다. 이때는 움직여진 볼의 원위치를 정확히 알 경우엔 플레이스를 할 수 있다. 만약 부딪친 것은 알지만, 본 사람이 멀리 있어서 원위치를 정확히 모를 경우엔 드롭을 해야 한다. 다행히 스톡턴의 볼은 원위치에서 굴러간 자국이 선명히 나 있었기 때문에 플레이스를 하고 칠 수 있었다. 벙커에서 플레이스와 드롭은 다음 샷 라이의 좋고 나쁨으로 연결될 수 있다.

● 리프 올슨, 당구같은 홀인원

2009년 7월 캐나다 온타리오주 오크빌의 글렌애비GC에서 열린 미국PGA투어 RBC캐나디언오픈 2라운드. 프로 5년차인 리프 올슨(미국)이 15번홀(파3)에서 배꼽 잡는 홀인원을 기록했다. 티샷한 볼이 그린에 낙하한 뒤 백스핀을 먹고 1.5m쯤 빨려가다가 이미 온그린된 동반플레이어의 볼을 맞고 굴절돼 홀 속으로 들어간 것. 당구를 연상시키는 기막힌 장면이었다. 이 경우 물론 올슨은 홀인원으로 인정되고, 그린에 멈춰 있던 동반플레이어의 볼은 원래 위치에 플레이스하면 된다. 원위치를 잘 모르면 최대한 그곳과 가까운 곳으로서 홀에 근접하지 않은 곳에서 플레이를 하면 된다.

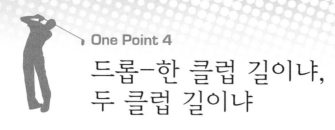

드롭-한 클럽 길이냐,
두 클럽 길이냐

　드롭을 할 경우 한 클럽 길이 내에 하는 것이 있고, 두 클럽 길이 내에 하는 것이 있다. 대체로 장해물이나 수리지 등으로부터 구제를 받고 무벌타 드롭할 경우는 니어리스트 포인트로부터 한 클럽 길이 내에 볼을 드롭하면 된다. 그 반면 언플레이어블 볼이나 래터럴 워터해저드 처리를 하고 1벌타를 받은 뒤 드롭할 경우는 볼이 있던 지점이나 볼이 최후로 해저드 경계선을 넘은 지점으로부터 두 클럽 길이 내에 드롭한다. 요컨대 '무벌타 드롭은 한 클럽 길이 내, 벌타 후 드롭은 두 클럽 길이 내'로 생각하면 크게 틀리지 않다.

　길이를 잴 때 사용하는 클럽은 제한이 없다. 14개의 클럽 가운데 드라이버가 가장 길기 때문에 대개 드라이버로 한 클럽이나 두 클럽 길이를 잰다. 다음 샷을 할 때 사용해야 할 클럽으로 길이를 재야 한다는 규정은 없다.

　경사 때문에 드롭한 볼이 굴러갈 수 있다. 드롭한 볼이 최초로 낙하한 지점으로부터 두 클럽 길이를 벗어나면 재드롭해야 한다. 재드롭했는데도 또 그러면 재드롭시 볼이 처음 지면에 닿은 지점에 볼을 플레이스하면 된다. 〈규칙 18-2, 20-2〉

Real story

🔵 그레그 노먼, 백상어의 착각

한 골퍼의 티샷이 빨간 말뚝으로 된 래터럴 워터해저드에 빠졌다. 그는 1벌타를 받은 뒤 볼이 최후로 해저드 경계선을 넘은 곳으로부터 두 클럽 길이 내 지역에 드롭했다. 그런데 볼은 경사를 타고 굴러 해저드 경계선 근처(해저드는 아님)까지 갔다. 처음 낙하한 지점으로부터 두 클럽 길이 내이고, 홀 쪽으로 가깝게 가지 않았기 때문에 그 볼은 인플레이 볼이다.

그런데 그 볼을 치려면 두 발을 물속에 집어넣어야 스탠스를 취할 수 있는 상황이다. 이 경우 골퍼는 안타깝지만, 재드롭을 하지 못한다. 처음 드롭한 볼이 재드롭 사유에 해당되지 않기 때문이다. 따라서 발을 물에 담근 채 샷을 하거나, 목표를 등진 채 샷을 하거나, 그것도 아니라면 언플레이어블 볼 처리를 하는 수밖에 없다. 드롭할 경우엔 그 주변의 경사나 라이 등을 면밀하게 살핀 뒤 해야 이와 같은 안타까운 일을 당하지 않는다.

'백상어' 그레그 노먼이 이 조항을 몰라 실격당한 일이 있다. 1980년대 말 호주에서 열린 한 대회 때다. 래터럴 워터해저드에서 1벌타를 받고 드롭한 볼이 해저드 밖 스루 더 그린에 멈췄으나 스탠스는 해저드 안에 취할 수밖에 없는 상황이었다.

드롭한 볼이 해저드에 다시 들어가지 않았으므로 그냥 쳐야 하는데, 착각이었는지 무지였는지 몰라도, 스탠스를 해저드 안에 취해야 한다는 이유로 재드롭한 것. 그 사실은 하루 뒤 밝혀졌다. 노먼은 그 홀 스코어에 2벌타를 가산하지 않은 채 스코어 카드를 제출했기 때문에 스코어 오기로 실격당한 것이다.

● 레티프 구센, 순간적으로 머리가 멈췄다

2006년 12월 남아공선샤인투어 SAA오픈 1라운드 때의 일. 레티프 구센이 17번홀(파5)에서 6오버파 11타를 쳤는데, 그 가운데는 드롭을 잘못한 데 따른 벌타도 포함돼 있다. 구센은 볼이 잡목 사이에 떨어져 언플레이어블 볼 처리를 한 뒤 드롭했다. 드롭한 볼은 원래 있던 곳에서 두 클럽 길이를 벗어났지만, 처음 지면에 낙하한 지점으로부터는 두 클럽 길이 내에 멈췄다. 원래 있던 곳보다 홀에 가깝지도 않았다. 이 경우 재드롭 사유가 안 된다.

드롭한 볼이 바로 인플레이 볼이 되는 것. 그런데 구센은 무슨 생각에서였는지 볼을 집어 들어 재드롭했고, 볼이 멈춘 자리에서 플레이를 속개했다. 구센은 인플레이 볼을 집어든 데다 리플레이스하지 않았기 때문에 2벌타를 받고 말았다. 구센은 나중에 "그 순간 머리가 멈췄었다."라고 말했으나 이미 때는 늦었다.

One Point 5

워터해저드-노란 말뚝과
빨간 말뚝의 차이는?

워터해저드는 다시 '워터해저드'와 '래터럴 워터해저드'로 나뉜다. 그냥 워터해저드는 노란 말뚝(선)으로, 래터럴 워터해저드는 빨간 말뚝(선)으로 각각 표시된다.

먼저 워터해저드에 볼이 들어갈 경우 벌타 없이 해저드 안에서 볼을 칠 수 있다. 도저히 칠 수 없을 경우 1벌타를 받은 뒤 ① 종전 쳤던 지점으로 되돌아가 치거나 ② 볼이 최후로 해저드 경계선을 넘어간 지점과 홀을 연결한 임의의 직선상으로서 거리제한 없이 해저드 후방선상에 드롭하고 칠 수 있다. 따라서 워터해저드에 빠져 벌타를 받은 뒤 드롭할 경우 대부분은 해저드 후방(티잉그라운드 쪽)에 해야 한다. 해저드 너머(그린 쪽)에 드롭하는 경우는 거의 없다.

다음 래터럴 워터해저드는 추가 옵션이 두 가지 더 있다. 두 가지의 워터해저드 처리 방법 외에 ③ 볼이 최후로 해저드 경계선을 넘어간 곳에서 홀에 가깝지 않은 지점으로 두 클럽 길이 내에 드롭하거나 ④ 해저드 건너편 등(等)거리에서 두 클럽 길이 내에 드롭하고 칠 수 있다.

따라서 빨간 말뚝으로 표시된 래터럴 워터해저드에 볼이 빠질 경우 볼이 최후로 해저드 경계선을 넘은 곳 옆에 두 클럽 길이 내 지점에 드롭하고 칠 수 있는 상황이 제법 많다. 워터해저드처럼 해저드 후방으로 가지 않아도 되기 때문에 거리상 이점이 있는 것이다.

〈규칙 26〉 (113~117쪽 그림 참조)

Real story

● 미셸 위의 센스

파3홀에서 A의 티샷이 그린 앞 워터해저드 경계선을 넘어가는가 싶더니 둔덕에 맞고 뒤로 굴러 물속으로 들어갔다. 이 경우 A는 둔덕 쪽에 드롭하고 칠 수 있을까. 워터해저드 말뚝이 노란 색이냐, 빨간 색이냐에 따라 달라진다. 노란 색(워터해저드)이라면 해저드 후방(티잉그라운드 쪽)에 드롭하고 쳐야 한다. 빨간 색(래터럴 워터해저드)이라면 볼이 최후로 해저드 경계선을 넘은 곳으로부터 홀에 가깝지 않은 지점으로 두 클럽 길이 내에 드롭하고 칠 수 있다. 그 경우 그린 쪽 둔덕에 드롭할 수도 있다는 얘기다.

2006년 5월 SK텔레콤오픈 4라운드 때의 일이다. 미셸 위가 스카이72CC 하늘코스 4번홀(파3)에서 티샷한 볼이 그린 쪽 둔덕을 맞고 뒤로 굴러 해저드 구역 내 화단에 빠졌다. 위는 꽃나무 때문에 칠 수 없어 워터해저드 처리를 했는데, 빨간 말뚝(래터럴 워터해저드)이어서 볼이 최후로 해저드 경계선을 넘어간 지점 옆에 드롭하고 칠 수 있었다. 위는 경기위원에게 볼이 해저드 밖 둔덕에 맞고 뒤로 굴러 해저드에 들어갔으므로 그 근처에 드롭할 수 있다고 강력히 주장하여 받아들여졌다.

● 앤서니 김, 억울한 보기

2009년 7월 미국PGA투어 RBC캐나디언오픈. 캐나다 온타리오주 오크빌의 글렌애비GC에서 열렸는데 재미교포 앤서니 김은 합계 14언더파 274타로 제이슨 더프너와 함께 공동 3위를 차지했다. 그런데 마지막 날 18번홀(파5)에서 김의 어프로치샷이 그린 앞 워터해저드에 빠져 보기로 이어진다. 그런데 나중에 보니 억울한 보기였다. 잘하면 파도 가능한 상황이었던 것. 김은 볼이 물에 빠지자 1벌타를 받고 해저드 후방의 페어웨이에 볼을 드롭한 뒤 샷을 했다. 그 샷을 하고 난 뒤 그린에 올라가서 보니 당초 어프로치샷한 볼은 그린에 떨어져 피치마크를 남긴 뒤 백스핀을 먹고 굴러 해저드에 빠진 것을 알게 됐다. 그러나 이미 플레이를 해버렸기 때문에 그 사실을 알아도 소용없었다.

이 경우 연못은 래터럴 워터해저드였으므로 그린 주변에 드롭하고 칠 수도 있었고, 파 세이브 가능성도 높았다. 김은 볼이 물에 빠졌을 때, 그린까지 와서 갤러리나 주위에 있는 경기요원에게 물어본 뒤 워터해저드 후속 처리를 했더라면 하는 아쉬움이 남는다. 김이 당시 1타를 세이브했더라면 공동 3위에서 단독 3위가 됐을 것이다. 공동 3위와 단독 3위의 상금 차이는 14만 2,000달러(약 1억 7,500만 원)에 달했다.

One Point 6

벙커 내에서도 언플레이어블 볼을 선언할 수 있다

　1997년인가? 어니 엘스(남아공)가 US오픈에서 두 번째 우승을 한 뒤 "벙커에서 언플레이어블 볼을 선언할 수도 있다는 것을 몰랐다."라고 고백한 적이 있다.

　그의 말처럼 볼이 벙커에 박히거나, 높은 턱 밑에 있을 경우 언플레이어블 볼 처리를 할 수 있다. 그것이 아마추어 골퍼들에게는 무리하게 샷을 강행하는 것보다 나을 수 있다.

　벙커에서 언플레이어블 볼 처리를 하면 1벌타 후 세 가지 옵션 중 하나를 택할 수 있다.

　① 종전 쳤던 지점으로 되돌아간다 ② 볼이 있던 곳에서 홀에 가깝지 않은 곳으로 두 클럽 길이 내에 드롭하고 친다 ③ 볼이 있던 곳과 홀을 연결하는 후방선상에 드롭하고 친다. 단, 옵션 ②와 ③을 택할 경우 반드시 '벙커 내'에 드롭해야 한다. 벙커 밖으로 나갈 수 있는 것은 옵션 ①밖에 없다.

　티샷이 200m를 날아가 높은 벙커 턱 밑에 멈춰 언플레이어블 볼 처리를 하고, 옵션 ①을 택할 경우 티잉그라운드로 되돌아가 쳐야 한다. 우리 사정상 쉽지 않은 것이 현실이나, 선수들은 그렇게 한다. 반면, 홀까지 30m를 남기고 시도한 어프로치샷이 벙커에 박혀 언플레이어블 볼 처리를 하고 옵션 ①을 택할 경우는 30m만 되돌아가면 된다. 얼마든지 가능한 일이므로 벙커에서 언플레이어블 볼 처리를 할 경우 이 옵션을 염두에 두면 좋다. 〈규칙 28〉

Real story

● 유소연, 국가대표 출신의 어이없는 실격

국가대표 출신의 프로골퍼 유소연이 2008년 10월 KB스타투어 4차 대회에서 이 조항을 몰라 실격당하고 말았다. 유소연은 대회장인 스카이72CC 하늘코스 4번홀(파4, 평소의 13번홀) 그린사이드 벙커에서 언플레이어블 볼 처리를 한 뒤 옵션 ②를 택하기로 했다. 그런데 두 클럽 길이를 재다 보니 벙커 밖까지 나갈 수 있었다. 유소연은 별 생각 없이 벙커 밖에 드롭하고 홀아웃한 뒤 다음 홀 티샷까지 해버렸다. 그러나 규칙상 옵션 ②를 택할 경우 벙커 내에 드롭해야 한다는 사실이 지적됐고, 중대한 오소 플레이를 시정하지 않고 다음 홀 플레이를 한 탓에 실격당한 것이다.

One Point 7

잠정구는 언제, 왜 치는가

 잠정구는 말 그대로 잠정적으로 치는 볼이다. 원구가 분실되거나 OB에 떨어질 염려가 있을 경우 시간 절약을 위해 치는 볼이다. 원구가 워터해저드 쪽으로 날아갈 경우는 잠정구를 칠 수 없다.

 원구가 위험해 잠정구를 치고 나갔는데, 원구가 인 바운드에 있어 플레이가 가능할 경우 원구로 플레이를 속개하면 된다. 원구를 5분 안에 찾지 못하거나 원구가 OB가 났을 경우 잠정구가 인플레이 볼이 되어 플레이를 속개하면 된다.

 잠정구는 볼을 찾으러 나가기 전에 쳐야 한다. 원구를 찾다가 못 찾을 것 같아 다시 원위치로 돌아와서 잠정구를 칠 수 없다는 말이다. 또 잠정구는 원구가 있을 것으로 '추정되는 지점'까지는 얼마든지 칠 수 있다. 이를테면 원구가 티잉그라운드에서 200m 지점에 있을 것으로 추정되는 상황에서 잠정구는 180m 나갔다. 180m 지점으로 가서 다시 그 잠정구로 다음 샷을 하고, 200m 지점에 가서 원구를 찾을 수 있다는 말이다. 원구가 있을 것으로 추정되는 지점보다 더 먼 곳에서는 잠정구를 칠 수 없다. 그럴 경우 원구가 있든 없든, 잠정구가 인플레이 볼이 된다.

 잠정구를 칠 때는 동반플레이어에게 반드시 '잠정구를 치겠다'는 의

사표시를 해야 한다. '하나 더 칠까?', '못 찾겠지!', 'OB났겠지!' 등의 표현은 잠정구를 치겠다는 의사표시가 아니다. 물론 아무 말도 하지 않을 경우에는 원구를 포기하는 것으로 간주돼 잠정구가 곧바로 인플레이 볼이 된다. 그때는 원구를 찾아도 소용없다. 〈규칙 27-2〉

🚩 Real story

● 박남신, 국가 망신시킨 잠정구

1993년 미국에서 열린 남자골프 국가대항전 월드컵에서 발생한 일이다. 한국 대표로 나간 박남신이 잠정구를 치겠다는 말을 하지 않고 잠정구를 쳤다. 박남신은 원구를 찾아 그 볼 스코어를 제출했는데, 다른 국가의 동반플레이어가 나중에 "박 프로가 잠정구를 치겠다는 말을 하지 않았다."라며 어필했다. 결국 그 선수의 말이 받아들여졌고, 박 프로는 인플레이 볼이 된 잠정구로 홀아웃한 스코어를 제출하지 않고, 원구로 홀아웃한 스코어(실제보다 적은 스코어)를 적어냈다는 이유로 실격당했다. 한국프로골프협회는 박 프로가 국가망신을 시켰다며 2년간 국내대회 출전정지 조치를 내렸다. 잠정구를 뜻하는 영어(provisional ball)를 몰라서 그랬는지, 다른 이유 때문에 그랬는지는 박 프로만이 알 것이다.

● 김수아, 잠정구는 볼을 찾기 전에 쳐라

2004년 9월 일동레이크GC에서 열린 SK엔크린 인비테이셔널 여자대회 2라운드 11번홀(파4). 김수아가 친 드라이버샷이 바위에 맞는 소리와 함께 시야에서 사라졌다. 페어웨이로 걸어 나와 약 2분간 볼을 찾던 김수아는 시간이 지체되자 티잉그라운드로 돌아가 잠정구를 쳤다. 그러고 나서 페어웨이로 와 보니 동반플레이어들이 원구를 찾았다고 소리쳤다. 김수아는 반가운 마음에 들뜬 탓이었는지 찾은 원구와 조금 전 친 잠정구로 투볼 플레이, 홀아웃했다. 그러나 이는 규칙을 위반한 것이다. 잠정구는 원구가 OB나 분실 우려가 있을 경우 즉시 쳐야 한다. 볼을 찾다가 다시 본래 쳤던 곳으로 되돌아가 잠정구를 치는 순간 원구는 분실구로 처리된다. 따라서 동반플레이어들이 찾아준 원구는 이미 분실구가 됐기 때문에 그 볼로 플레이를 계속한 김수아는 오구 플레이를 한 것이 돼 실격당하고 말았다. 잠정구는 반드시 원구를 찾으러 나가기 전에 쳐야 한다. 찾다가 말고 돌아오면 원구 포기로 간주, 다시 치는 샷이 곧바로 인플레이 볼이 된다는 사실을 김수아나 동반플레이어 모두 몰랐던 것이 아닐까.

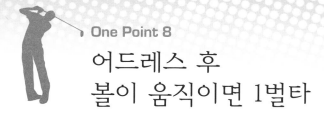

One Point 8

어드레스 후
볼이 움직이면 1벌타

어드레스는 '스탠스를 취하고 클럽헤드를 볼 뒤에 갖다 댄 것'을 뜻한다. 볼을 치기 위한 준비 자세를 마쳤다는 의미다. 그런데 어드레스후 볼이 움직이면 골퍼에게 책임이 돌아간다. 1벌타를 받고 볼을 제자리에 갖다 놓아야 하는 것. 따라서 어드레스에 들어갈 때에는 세심한주의를 기울여야 한다. 바람이 몹시 불거나, 볼의 라이가 경사진 곳이라면 특히 그렇다.

그래서 일부 영악한 골퍼들은 볼이 움직일 것 같은 상황에서는 어드레스는 생략한 채(클럽헤드를 볼 뒤에 대지 않은 채) 곧바로 스윙에 들어간다. 그러면 볼이 움직여도 벌타가 주어지지 않기 때문이다.

〈규칙 18-2b〉

🏳 베른하르트 랑거, 어드레스 '後' 조심

어드레스 후 볼이 움직이는 상황은 프로들 세계에서도 심심찮게 발생한다. 2008년 4월 마스터스토너먼트에서 '노장' 베른하르트 랑거와 아마추어 마이클 톰슨이 그랬다. 랑거는 1라운드 때 경사가 심한 9번홀 그린에서 어드레스 후 볼이 움직여 1벌타를 받았다. 톰슨은 2라운드 때 15번홀에서 버디퍼트를 앞두고 볼이 움직인 것을 알고 스스로 1벌타를 부과했다.

🏳 라이언 파머, 양심의 승리

미국PGA투어프로 라이언 파머는 2008년 긴쉬메르클래식 4라운드 10번홀(파4)에서 어드레스 후 볼이 움직인 것을 자진신고하고 그 홀 스코어를 보기로 적어냈다. 설상가상으로 11번홀에서는 티샷이 물속에 빠져 더블보기를 기록하며 선두권에서 내려오고 말았다. 그런데도 파머는 1타차로 우승했는데, 주위에서는 이를 두고 '양심의 승리'라며 치켜세웠다.

🏳 신지애도 희생양

신지애도 유사한 경험을 했다. 2007년 12월 일본에서 열린 한 · 일여자프로골프대항전 때였다. 첫날 2번홀 그린에서 파퍼트를 하려고 어드레스를 했는데 그만 볼이 급경사를 타고 조금 움직였다. 1벌타를 받고 리플레이스하지 않을 수 없었고, 그 홀을 더블보기로 마무리한 적이 있다.

🏳 영악한 파드리그 해링턴

이처럼 어드레스 후 볼이 움직이는 경우가 많자, 일부 '영악한' 선수들은 어드레스를 하지 않은 채 샷을 한다. 어드레스를 하지 않으면 치기 전에 볼이 움직여도 벌타가 없기 때문이다. 주로 퍼터헤드나 클럽 헤드를 지면에 대지 않고 공중에 든 상태로 샷을 하는 것이다. 2008년 브리티시오픈 챔피언 파드리그 해링턴은 4라운드 10번홀 그린에서 볼이 움직일 가능성이 크자 아예 퍼트헤드를 든 채 스트로크해 '영악한 해링턴'이라는 소리를 들었다.

● 소피 구스타프손, 당사자만이 진실을 안다

2003년 10월 미국LPGA투어 삼성월드챔피언십 4라운드 14번홀 그린. 소피 구스타프손이 퍼트를 하기 위해 왜글을 하던 도중 볼이 저만큼 굴러 내려갔다. 이 장면을 지켜본 미국 NBC의 해설가는 어드레스를 했다고 주장했고, 선수 본인은 "스탠스는 취했으나 퍼터헤드는 지면에 안 댔으므로 어드레스 전이다."라고 주장해 '양심 논란'이 불거졌다. 경기위원회는 결국 선수의 손을 들어주어 무벌타를 선언했다. 공교롭게도 그 볼은 원래 내리막 라인이었는데 굴러가 오르막 라인이 됐고 구스타프손은 그 홀에서 파를 잡은 끝에 결국 우승컵까지 안았다. 그 상황의 진실은 누구보다 선수 자신이 더 잘 알 것이다.

One Point 9

연습스윙 도중
볼이 움직일 때의 벌타

스트로크(칠 의사를 갖고 클럽헤드를 전방으로 움직인 것)가 아니라, 연습스윙을 하다가 볼이 움직이는 경우가 있다. 그럴 땐 그곳이 어디냐에 따라 벌타 유무가 결정된다.

티잉그라운드에서 티샷을 하기 위해 연습스윙을 하는 도중 볼이 티에서 떨어졌다면 벌타가 없다. 인플레이 전이기 때문이다. 티샷을 해야 그 홀의 플레이가 시작된다. 따라서 벌타 없이 다시 티업한 뒤 샷을 하면 된다. 연습스윙이 아니라 왜글을 하다가 볼이 움직여도 마찬가지다.

일단 티샷을 하고 난 뒤에는 상황이 다르다. 페어웨이에서 세컨드샷을 앞두고 연습스윙을 하다가 볼을 움직였을 경우 1벌타를 받고 볼을 리플레이스해야 한다. 그 과정을 생략하면(리플레이스하지 않고 멈춘 곳에서 치면) 2벌타를 받는다. 인플레이 볼은 규정에 나와 있는 상황을 제외하고는 건드릴 수 없기 때문이다. 연습스윙을 하다가 디봇(뜯긴 잔디)을 냈고, 그 디봇이 볼을 움직일 경우도 마찬가지로 1벌타를 받는다.

연습스윙인지 실제스윙인지의 여부는 본인이 가장 잘 알 것이다. 티잉그라운드에서 실제스윙을 했는데 잘못돼 볼이 티에서 떨어져 티잉그라운드에 머무를 경우를 예로 들어보자. 동반자들은 실제스윙(1타)이라고 주장하는데 당사자는 연습스윙(무벌타)이라고 주장한다. 이 경우 당사자 말을 믿을 수밖에 없다. 다만 당사자가 양심을 속인 것이라면 동반자들은 다음 라운드에 그를 기피할 것이다. 〈규칙 11-3, 18〉

Real story

● 아뿔싸! 박지은

1997년 미국 오리건주 펌킨 리지GC에서 열린 US여자오픈 때의 일로 기억된다. 당시 아마추어였던 박지은은 18번홀(파5)에서 세 번째 샷을 하려고 볼 뒤에서 연습스윙을 하던 도중 클럽헤드가 지면을 때리며 디봇(뜯긴 잔디)을 내고 말았다. 그런데 공교롭게도 그 디봇이 저만큼 날아가더니 박지은의 볼을 건드렸다. 인플레이 볼을 건드렸으므로 박지은에게 1벌타가 가해졌음은 두말할 나위가 없다. 박지은은 1벌타 후 움직인 볼을 제자리에 갖다 놓은 뒤 다음 플레이를 속개했다.

● 데이비스 러브3세의 착각

1997년 3월 미국PGA투어 플레이어스챔피언십 4라운드 때의 일. 데이비스 러브3세는 소그래스TPC의 그 유명한 파3홀인 17번홀 그린에서 연습스윙을 하다가 볼을 건드려 볼이 옆으로 움직이고 말았다. 연습스윙임이 분명했으므로 1벌타 후 볼을 리플레이스하고 다음 플레이를 해야 했는데, 러브3세는 볼이 멈춘 자리에서 플레이를 속개한 뒤 1벌타만 부과했다. 연습스윙이 아니라, 실제스윙이었다고 우기면 결과는 달라졌겠지만, 연습스윙인 이상 리플레이스하지 않고 플레이를 한 탓으로 규칙 18조 위반에 대한 일반의 벌 2벌타를 받아야 한다. 그러나 러브3세는 1벌타만 적어내 스코어 오기로 실격당하고 말았다. 실격당하지 않았더라면 공동 7위로 상금 10만 5,000달러를 받을 수 있었을 터였는데….

● 앙헬 카브레라, 볼에 영향을 미치는 연습스윙은 금물

2006년 5월 영국 웬트워스클럽에서 열린 유러피언투어 BMW챔피언십 최종 라운드. 아르헨티나의 앙헬 카브레라가 친 볼이 러프 경사지에 멈췄다. 카브레라는 연습스윙을 하면서 클럽헤드로 지면을 쳤고, 그 후 볼이 조금 굴러 내려갔다. 경기위원을 불러 해석을 구했는데 경기위원은 "연습스윙을 한 것이 볼의 움직임에 영향을 주었을 것으로 본다."라며 카브레라에게 1벌타를 주었다. 카브레라는 1벌타 후 그 볼을 리플레이스한 뒤 플레이를 속개했다. 볼이 움직인 원인이 카브레라의 연습스윙이 아니라 다른 것이었다면 카브레라는 벌타 없이 볼이 멈춘 자리에서 다음 플레이를 하면 된다.

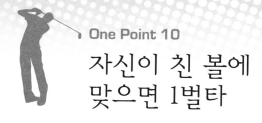

One Point 10

자신이 친 볼에
맞으면 1벌타

벙커샷을 한 볼이 턱에 맞고 굴러 들어와 발에 닿는다. 러프에서 친 볼이 나무를 맞은 뒤 플레이어 몸에 맞는다. 있을 수 있는 상황이다. 이런 경우 2007년까지는 2벌타가 부과됐다. 그러나 2008년부터는 개정된 규칙이 적용돼 1벌타만 받으면 된다. 그리고 볼이 정지한 곳에서 다음 플레이를 속개하면 된다. 2벌타에서 1벌타로 줄어들어 골퍼들로서는 억울한 점을 다소나마 달랠 수 있게 됐다. 자신이 친 볼이 자신의 캐디나 골프백 등에 맞을 경우도 동일하게 1벌타만 적용된다.

〈규칙 19-2〉

● 제프 매거트, 천당에서 지옥으로

　미국PGA 투어프로 제프 매거트는 2003년 마스터스토너먼트 4라운드 3번홀(파4)에서 황당한 경험을 했다. 티샷이 왼편 벙커에 빠졌는데 벙커에서 세컨드샷을 한 볼이 턱에 맞은 뒤 되돌아와 자신의 몸에 닿은 것. 당시는 플레이어가 친 볼이 자신의 몸에 맞으면 2벌타가 가해졌다. 매거트는 3온2퍼트로 보기를 했으나 2벌타를 합쳐 트리플 보기로 홀아웃했다. 그 홀 전까지 선두권이었던 매거트는 순식간에 순위가 처지며 우승경쟁 대열에서 탈락했다. 그런데 2008년 개정된 골프규칙은 이와 같은 상황에서 1벌타만 받도록 하고 있다. 골퍼들에게 다소 유리하게 개정된 것. 그래도 볼에 맞을 가능성이 있는 상황에서는 주의를 기울여야 하지 않을까 한다.

골퍼들이 가장 싫어하는
골프규칙 **7**가지

✚ **OB가 났을 때 '스트로크와 거리의 벌'을 동시에 주는 것 :** 벌타 없이 그냥 다시 치게 하거나(2타째), 1벌타 후 OB지역 인근에서 치도록 개정돼야 한다.

✚ **그린의 스파이크 자국 수리를 못하는 것 :** 앞 조 골퍼나 동반플레이어가 남긴 스파이크 자국 때문에 피해를 본다는 것은 이치에 맞지 않으므로 퍼트선의 자국은 수리할 수 있게 개정돼야 한다.

✚ **디봇 자국이나 발자국에 빠진 볼을 그냥 쳐야 하는 것 :** 이 역시 자신의 의지나 기량과는 상관없는 일이므로 구제를 받도록 개정돼야 한다.

✚ **벙커 내 돌멩이를 치우지 못하는 일 :** 지금은 로컬룰이 있으면 치울 수 있으나, 미국 등 많은 지역에선 아직도 그냥 쳐야 하는데, 부상 위험이 있으므로 아예 치우고 칠 수 있도록 개정돼야 한다.

✚ **그린 밖 스프링클러 덮개가 플레이선에 있을 경우 구제받지 못하는 것 :** 퍼터로 처리하는 골퍼들도 있으므로, 그럴 경우 구제받을 수 있도록 개정돼야 한다.

✚ **워터해저드(노란 말뚝)에 볼이 빠질 경우 대부분 해저드 뒤에서 쳐야 하는 것 :** 지면에 맞고 뒤로 구르거나 옆으로 굴러 들어갈 경우엔 '래터럴 워터해저드'처럼 그 인근 두 클럽 길이 내에 드롭하고 치도록 개정돼야 한다.

✚ **스코어를 실제보다 적게 적으면 실격되는 것 :** 프로들 사이에서 개정 여론이 높다. 실제로 프로들이 대회에서 실격당하는 이유 중 가장 많은 부분을 차지하는 것으로, 실격보다 낮은 수준으로 개정돼야 한다.

2장 상식으로 알아야 할 골프규칙

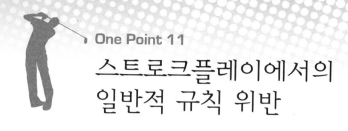

One Point 11

스트로크플레이에서의
일반적 규칙 위반

골프규칙을 위반할 경우 벌은 1벌타, 2벌타(매치플레이에서는 홀의 패), 실격 세 가지가 있다. 구제를 받을 경우 우연히 한 실수나 비교적 가벼운 규칙 위반을 했을 때에는 1벌타가 매겨진다. 부주의로 인한 위반이나 금지사항 위반 등은 2벌타다. 골프경기의 기본 원칙을 무시하거나 중대한 에티켓 위반을 할 경우에는 실격의 벌을 부과할 수 있다.

〈규칙 3-5〉

스트로크플레이 주요 벌타 일람

구분	상황	벌타	비고
전반적	볼에 영향을 주는 행위를 하면	2	
	규칙을 적용하지 않기로 합의하면	실격	
	경기 당일 코스에서 연습하면	〃	
	정당한 요구를 거부하면	〃	다른 사람의 권리 침해시
티잉 그라운드	클럽 14개를 초과 보유나 차용시	2	홀 당 2벌타, 18홀에 최고 4벌타
	치는 순서가 틀리면	0	다시 치지 않고 그대로 경기 속행
	티잉그라운드 밖에서 치면	2	티잉그라운드 안에서 다시 쳐야
	티업한 볼을 떨어뜨리면	0	벌타 없이 다시 티업
	헛친 볼을 건드리면	1	인플레이 볼을 건드렸으므로
	분실이나 OB가 되면	〃	친 자리에서 제3타를 쳐야
	잠정구라는 말을 안하고 치면	〃	원구는 분실구로 처리
	몇 번 클럽으로 쳤는가 물어보면	2	어드바이스에 해당함
스루 더 그린	한 홀의 경기 중 연습하면	2	플레이가 끝난 그린과 다음 홀 티잉 그라운드에선 퍼트 · 칩샷 연습 가능
	플레이선이나 볼 라이 개선하면	〃	볼 뒤를 밟거나 클럽으로 눌러서는 안 됨
	스탠스 장소를 만들면	〃	발밑에 돌멩이 같은 것을 괴어서는 안 됨
	클럽헤드로 치지 않으면	〃	헤드의 뒷면은 무방함
	캐디가 우산을 받쳐주면	〃	치지 않을 때는 괜찮음
	볼이 클럽에 두 번 맞으면	1	친 것까지 합계 2타가 됨
	움직이고 있는 볼을 치면	2	물속에서 움직이는 볼은 무방함
	오구를 치면	〃	다음 티잉그라운드에서 치기 전에 정구 안 치면 실격
	자신의 볼을 움직이면	1	제자리에 놓아야 함. 그렇지 않으면 2벌타
	어드레스 후 볼이 움직이면	〃	〃
	루스 임페디먼트를 치우다 볼이 움직이면	〃	〃
	인공장해물을 치우다 움직이면	0	〃
	동반자가 볼을 움직이면	〃	〃
	국외자가 볼을 움직이면	〃	〃
	자신이 친 볼에 맞으면	1	멈춘 곳에서 침. 2008년 개정
	볼이 자기 캐디나 백에 맞으면	〃	〃
	볼이 동반자, 그의 캐디나 백에 맞으면	0	〃
	볼과 볼이 충돌하면	〃	〃
	드롭 방법이 틀리면	1	치기 전에 시정하면 무벌타
	제자리에 놓아야 할 볼을 마크하지 않고 집으면	1	
	오소에 드롭하거나 놓고 치면	2	중대한 오소이면 제2의 볼을 쳐야 함
	언플레이어블 볼	1	동반자의 동의 필요 없음
	닦으면 안 될 때 볼을 닦으면	〃	

구분	상황	벌타	비고
워터해저드 ·래터럴 워터해저드	워터해저드에 볼이 들어가면	1	래터럴 워터해저드 포함
	모래·땅·물에 접촉하면	2	
	루스 임페디먼트에 접촉하거나 치우면	〃	솔방울·나뭇잎·돌 등에 접촉하거나 치울 경우
	인공장해물에 접촉하거나 치우면	0	담배꽁초·비닐 등을 치우다 볼이 움직여도 무벌타
	클럽이나 백을 놓으면	〃	테스트나 라이 개선이 아니라면 상관없음
	오구를 치면	2	2008년부터 해저드에서 볼을 확인할 수 있게 됨에 따라
	백스윙시 모래나 물에 닿으면	〃	다운스윙부터 치는 동작으로 간주됨
	볼이 물로 들어간 증거가 없는데 들어간 것으로 처리하면	〃	
벙커	볼이 나가지 않았는데 처음 친 자리를 메우면	0	다음 스트로크의 라이 개선이 아니면 상관없음
퍼팅 그린	퍼트라인 지시 때 그린에 접촉하면	2	
	나뭇잎이나 모래를 손이나 클럽 이외의 것으로 치우면	0	2004년 개정
	퍼트라인에 접촉하면	2	규칙에서 허용한 경우는 제외
	그린에서 친 볼이 잡고 있거나 빼놓은 깃대에 맞으면	〃	
	그린에서 친 볼이 깃대를 잡고 있는 사람에게 맞으면	〃	
	그린에서 친 볼이 동반자의 멈춰 있는 볼에 맞으면	〃	
	다른 볼이 움직이고 있을 때 치면	〃	
	그린 면을 테스트하면	〃	
	바람에 움직인 볼을 그대로 치면	0	바람은 국외자가 아니므로 그대로
	홀아웃을 하지 않으면	실격	
	스파이크 자국을 고치면	2	볼 자국과 홀 자국만 고칠 수 있음

One Point 12

클럽은 몇 개까지 가지고 나갈 수 있는가

정규라운드를 할 때 갖고 나갈 수 있는 클럽은 14개까지다. 다만 플레이어가 14개 미만의 클럽을 가지고 경기를 시작했을 경우 합계 14개를 넘지 않는 한 몇 개라도 추가할 수 있다. 만약 14개를 넘는 클럽을 가지고 플레이할 경우 규칙 위반이 있었던 각 홀에 대하여 2벌타를 부과한다. 다만, 벌타 수는 1라운드에 최고 4타까지로 한다. 따라서 클럽 초과 보유로 인한 벌타는 한 라운드에 최고가 4타다. 〈규칙 4-4〉

Real story

● 이안 우즈넘과 박세리도 실수하다

2001년 브리티시오픈 4라운드 때 이안 우즈넘은 백 속에 15개의 클럽이 있다는 것을 2번홀 티잉그라운드에 올라서야 알았다. 경기 전 드라이버 2개를 가지고 시타를 하다가 그만 2개 모두 백 속에 넣어버렸던 것. 캐디 잘못이 크지만 선수 본인도 출발할 때 확인 의무를 소홀히 한 것이다. 대회장인 잉글랜드의 로열 리덤 & 세인트 앤스GC의 첫 홀이 파3홀이어서 드라이버를 뺄 기회가 없었던 점도 불운이었다. 선두 다툼을 벌이던 우즈넘은 2벌타를 받았고, 결국 데이비드 듀발에게 4타 뒤진 공동 3위로 대회를 마쳤다. 1991년 마스터스토너먼트에 이어 생애 두 번째로 메이저대회 타이틀을 노릴 수 있는 기회를 놓친 것은 천추의 한이 됐을 법하다.

2003년 제주 핀크스CC에서 열린 한·일여자골프대항전 첫날 매치플레이에서 박세리가 16개의 클럽을 가지고 출발한 것이 4번홀 경기 도중에 발견됐다. 매치플레이여서 박세리는 '2홀의 패'를 받았고 결국 일본 선수에게 졌다.

● 강욱순, 선물은 고맙지만…

강욱순도 최근 클럽 초과 보유로 벌타를 받았다. 2009년 5월 스카이72CC 오션코스에서 열린 한국프로골프 SK텔레콤오픈 때의 일. 강욱순은 첫날 14번홀(파5)에서 티샷을 하려고 스푼을 꺼내는 순간 헤드커버 밑에서 웨지 하나가 딸려 나오는 것을 보고 깜짝 놀랐다. 그 웨지는 처음 보는 것이었고, 그 순간 자신의 총 클럽 수는 15개가 돼 버렸다는 것을 직감했다. 아니나 다를까. 세어보니 15개였다.

10번홀에서 출발한 강욱순은 그 웨지가 남의 것이라도 자신의 골프백 속에 있어서 클럽 수가 15개가 됐기 때문에 4벌타를 받을 수밖에 없었다. 강욱순은 그 4벌타 탓에 2언더파 70타를 치고도 2오버파 74타가 되며 단숨에 리더보드에서 이름이 내려가고 말았다.

그 웨지는 전날 프로암대회 때 그와 동반플레이를 한 아마추어가 상품으로 받아 선물한 것을 캐디가 무심코 골프백에 넣은 것이다. 강욱순은 우드를 5개 갖고 다녔는데, 그 웨지는 우드 넣는 칸에 끼워져 눈에 잘 띄지 않았던 것. 강욱순은 "느낌이 이상해 오늘 아침 아내가 두 번, 그리고 경기 전 내가 백을 확인했는데도 발견되지 않았다."며 고

개를 숙였다.

생애 처음 클럽 초과 보유로 4벌타를 받은 강욱순은 그 대회에서 커트탈락했다.

● 짐 퓨릭, 베테랑 선수와 캐디도 예외없다

베테랑 짐 퓨릭도 어처구니없는 실수로 1억 6,400만 원을 날려버린 적이 있다. 2009년 8월 미국PGA투어 플레이오프 1차전인 더 바클레이스 3라운드가 열린 미국 뉴저지주 리버티내셔널GC 2번 홀 그린. 퓨릭이 클럽을 꺼내려고 골프백을 들여다보는 순간 '아차!' 하는 생각이 들었다. 라운드 전 연습장에서 쓰던 60도 웨지가 들어 있었고, 그의 클럽 수는 한도를 초과한 15개였기 때문.

퓨릭은 동반플레이어와 경기위원한테 알린 다음 그 웨지를 골프백에서 뺐으나 이미 엎질러진 물이었다. 퓨릭은 1, 2번홀에서 15개의 클럽을 갖고 플레이했으므로 4벌타(2벌타+2벌타)를 받아야 했다. 1, 2번홀에서 파를 기록한 퓨릭은 졸지에 그 두 홀 스코어가 더블보기, 더블보기로 추락했다. 퓨릭은 그날 70타를 친 끝에 결국 4라운드 합계 3언더파 281타로 공동 15위를 차지했다.

3라운드에서 4벌타를 받지 않았더라면 공동 6위에 자리 잡았을 퓨릭은 그 실수 때문에 상금 13만 1,250달러(약 1억 6,400만 원)를 손해보고 말았다. 산전수전 다 겪은 세계적 프로라도 '기본 중의 기본'을 간과할 수 있다는 것을 보여준다.

그의 캐디 역시 베테랑인 마이크 코완이여서 퓨릭은 속은 더 쓰릴 수밖에. 퓨릭은 "비 때문에 잔디가 쓸려 나간 그린 주변에서 사용할까 하고 연습했던 '하이 바운스' 웨지를 깜빡 잊고 백 속에 넣은 것을 나나 캐디나 다 몰랐다."라며 머리를 긁적였다.

One Point 13

플레이 중 클럽이 손상될 경우 어떻게 해야 할까

　14개의 클럽을 가지고 플레이를 시작했는데 라운드 도중 클럽이 손상됐다. 이 경우 손상의 원인이 '정상적인 플레이 과정'이었느냐의 여부가 관건이 된다.

　정상적인 플레이 과정이었다면 그 클럽을 그대로 사용하거나, 경기를 지체시키지 않는 범위에서 수리·교체할 수 있다. 정상적인 플레이 과정이 아닌 상황에서 입은 손상으로 그 클럽이 규칙에 맞지 않게 되거나 성능이 변경된 경우 그 이후 라운드 중에는 그 클럽을 사용하거나 대체해서는 안 된다.

　정상적인 플레이 과정은 '스트로크나 연습스윙 또는 연습 스트로크를 하는 행동'에 추가하여 다음과 같은 행위가 포함된다.

　◆ 백 속에 있는 클럽을 꺼내고 넣는 행위 ◆ 볼을 찾거나 회수하기 위해 클럽을 사용하는 행위 ◆ 플레이를 기다리는 동안 혹은 볼을 티업하거나 홀에서 볼을 집어내는 동안 클럽에 기대는 행위 ◆ 우연히 클럽을 떨어뜨리는 행위 등이다.

　반면 정상적인 플레이 과정으로 보지 않는 행위는 다음과 같다.

　◆ 화가 나서 혹은 다른 이유로 클럽을 던져버린 행위 ◆ 백 속에 클럽을 내동댕이치는 행위 ◆ 스트로크나 연습스윙 또는 연습 스트로크

를 하는 동안이 아닌데 고의로 어떤 물체(땅이나 나무)를 클럽으로 내
려치는 행위 등이다. 〈규칙 4-2 및 4-3, 재정 4-3/1〉

Real story

● 앤서니 김, 드라이버샷 거리가 150야드?

재미교포 프로골퍼 앤서니 김이 2008유러피언투어 HSBC챔피언스
3라운드 도중 변형된 드라이버를 사용했다가 실격을 당해 화제가 됐
다. 김은 중국 상하이 쉬산인터내셔널CC 7번홀에서 티샷을 한 뒤 드
라이버를 든 채 페어웨이를 걷다가 스프링클러 덮개를 쳤다.

겉보기에 클럽이 멀쩡해 김은 8번홀(파5)에서 그 클럽으로 티샷을
했다. 첫 티샷이 150야드 나가더니 OB 인근에 떨어졌다. 잠정구를 쳤
는데 이번에는 오른쪽으로 100야드 나가는 데 그쳤다. 그 홀에서 트리
플 보기를 했다.

김은 10번홀에서 경기위원을 만나 이 사실을 얘기했고, 11번홀 플레
이 도중 실격 통보를 받았다. 정상적인 플레이 과정에서 손상된 클럽
은 수리하거나 교체할 수 있으나, 정상적인 플레이 과정 이외에서 입
은 손상으로 클럽이 규정에 부적합하게 되거나 성능이 변형되면 사용
하거나 교체할 수 없다고 돼 있기 때문이다. 경기위원은 김의 경우 후
자에 해당한다고 보았고, 김이 변형된 클럽을 계속 사용했기 때문에
실격을 준 것.

● 부 위클리, 웨지로 퍼트하다

2008년 미국PGA투어 PODS챔피언십에서도 비슷한 일이 있었다.
2라운드 2번홀 그린에서였다. 부 위클리는 볼에서 홀까지 3m 거리에
서 3퍼트를 하자 화가 나 퍼터를 구부려버렸다. 스트로크 과정에서 퍼

터가 손상된 것이 아니므로, 그 퍼터는 사용하지 못할 뿐더러 다른 퍼터로 교체할 수도 없다. 위클리는 나머지 16개 홀을 웨지로 퍼트하는 해프닝을 벌였다. 그런데도 그 라운드 퍼트 수는 33개였다고. 위클리의 1라운드 퍼트 수는 그보다 많은 34개였다.

🔵 이안 폴터, 퍼트를 꼭 퍼터로 해야 하나?

2008년 미국PGA투어 CA챔피언십 3라운드 때 이안 폴터도 비슷한 경험을 했다. 15번홀 티잉그라운드에서 걸어가던 중 장난삼아 퍼터로 땅을 치다가 퍼터가 손상됐다. 물론 다른 퍼터로 교체하지도, 그 퍼터를 사용하지도 못한다. 폴터는 나머지 4개 홀 퍼트를 웨지로 했는데도 스코어는 '보기–버디–파–파'였다.

🔵 타이거 우즈, 4번아이언 없어도 황제

타이거 우즈는 2007년 마스터스토너먼트 4라운드 11번홀(파4)에서 나무 옆에 멈춘 볼을 치다가 4번아이언 샤프트가 구부러지고 말았다. 이 경우는 정상적인 플레이 과정에서 손상된 것이므로 플레이를 지체시키지 않는 범위에서 보충할 수 있다.

그런데 우즈가 쓰는 클럽을 제공하는 나이키의 '투어 밴'이 이미 가버린 상태여서 우즈는 4번아이언을 보충하지 않고 나머지 7개 홀 경기를 마쳤다.

🔵 타이거 우즈, 이가 없으면 잇몸으로

2006년 라이더컵 최종일 7번홀에서 발생한 일. 미국 팀 타이거 우즈의 캐디가 실수로 9번아이언을 연못에 빠뜨렸다. 클럽헤드를 깨끗이 씻으려고 물에 넣었다가 미끄러져 나간 것. 우즈는 14번홀까지 13개의 클럽으로 플레이했다. 11번홀에서는 평소 9번아이언 거리인 127야

드 샷을 남겼다. 우즈는 8번아이언을 짧게 쥐고 친 끝에 버디를 잡기
도 했다. 우즈는 잠수부가 찾아온 클럽을 15번홀에서 받아 남은 홀에
마쳤다.

● 최경주, 여분의 클럽 덕분

2003년 4월 마스터스토너먼트 3라운드 때의 일. 최경주가 오거스타
내셔널GC 6번홀(파3)에서 7번아이언으로 티샷을 했는데 헤드가 떨어
져 나가버렸다.

7, 8번홀에서 7번아이언 없이 플레이한 최경주는 9번홀에 다다라서
야 그의 자동차 트렁크에 있던 여분의 7번아이언을 보충해 다시 14개
의 클럽으로 경기를 속개했다. 물론 이 경우는 정상적인 플레이 과정
에서 손상된 것이므로 교체하거나 수리할 수 있다.

최경주는 그해 마스터스토너먼트에 처음 출전했는데도 공동 15위를
차지했다.

● 톰 왓슨, 내 IQ는 식물보다 2포인트 높다

프로골퍼로는 보기 드물게 대학(미국 스탠퍼드대 심리학과)을 졸업
한 톰 왓슨이 1986년 텍사스주에서 열린 미국PGA투어 밴티지 챔피언
십 1라운드에서 어처구니없는 일로 실격당했다.

비 때문에 경기가 중단되는 바람에 호텔로 돌아가야 했고, 왓슨은
호텔에서 퍼트 연습을 했다. 연습은 경기에서 썼던 퍼터와 메이커·브
랜드는 같지만, 크롬 조각이 붙어 있어 성능이 약간 다른 것으로 했다.
그런데 연습을 마친 뒤 무심코 그 연습용 퍼터를 백 속에 집어넣고 말
았다. 이튿날 경기가 재개되어 15번홀로 갔는데, 캐디가 골프백을 점
검하다가 전날 14번홀까지 사용했던 퍼터가 아닌, 연습용 퍼터임을 알
아채고 왓슨에게 말했다.

왓슨은 곧 경기위원에게 알렸고 경기위원은 '라운드 중 클럽 성능을 변경했다'는 이유로 실격을 주었다. 왓슨은 이에 대해 "한 홀에서만 위반했으므로 2벌타만 받은 뒤 그 클럽을 사용하지 않겠다고 선언하면 되지 않은가?"라고 주장했으나 받아들여지지 않았다. 그러나 나중에 미국골프협회(USGA)는 왓슨의 주장이 맞다고 확인해주었다.

'병 주고 약 주는' 판정에 화가 더 났을 법한 왓슨은 "내 IQ는 식물의 IQ보다 단 2포인트 높을 뿐이다."라며 탄식했다.

One Point 14

친 볼이 사람이나 물건을
맞혔을 때 벌받는 경우는?

◆ 사람이 잡고 있거나 빼놓았거나 들어 올린 깃대 ◆ 깃대를 잡고 있는 사람 ◆ 그들의 휴대품 ◆ 그린에서 친 볼이 사람이 잡지 않고 홀에 꽂혀 있는 깃대 ◆ 플레이어 자신, 파트너, 그들의 캐디와 휴대품 ◆ 스트로크플레이 때 그린에서 친 볼이 그린에 있는 볼을 맞힐 경우 등이다.　　　　　　　　　　　　　　　　　　　〈규칙 17-3 및 19〉

Real story

● 톰 카이트, 제비 맞고 '퐁당'

톰 카이트는 2002년 미국 시니어PGA투어 플릿보스턴클래식 3라운드 17번홀(파3)에서 잘 맞은 티샷이 때마침 날고 있던 제비를 맞고 그린 앞 워터해저드에 빠져버렸다. 골프규칙에서는 이런 경우를 '럽(rub) 오브 더 그린'이라고 하는데 구제할 방법이 없다. 카이트는 결국 그 홀에서 더블보기를 기록하며 우승 경쟁에서 탈락하고 말았다.

최경주와 짐 퓨릭은 자신이 친 볼이 자신의 몸에 맞은 일이 있다.

One Point 15

언플레이어블 볼 처리를
할 때는 꼭 선언해야 하는가

 2005년까지는 언플레이어블 볼 처리를 할 때 동반자에게 선언을 해야 했으나 2006년 개정된 규칙 재정에서는 이를 없앴다. 언플레이어블 볼을 선언할 필요 없이 플레이어가 칠 수 없다고 판단하면 언플레이어블 볼 처리 방법에 따라 처리하면 된다.

 요컨대 워터해저드가 아닌 곳에서 플레이어가 볼을 칠 수 없다고 스스로 판단하면 상대방이나 동반경기자의 동의를 얻을 필요 없이 일방적으로 언플레이어블 볼로 처리할 수 있다. 잠정구를 칠 때 반드시 그 의사를 표시하는 것과는 다르다는 점을 알아두자.　　〈규칙 20-7, 28〉

Real story

● 닉 팔도의 경솔함

 언플레이어블 볼은 골퍼 스스로 판단해 처리하면 되는 반면, 그 사유를 충족시켰을 때에만 그렇게 할 수 있다. 한때 '스윙 머신'으로 불린 닉 팔도가 1999년 3월 미국PGA투어 플레이어스챔피언십에서 동반플레이어의 잘못된 어드바이스 때문에 실격당한 적이 있다. 4라운드 6번홀에서 팔도의 세컨드샷이 야자수 쪽으로 날아갔다. 가 보니 볼을 찾을 수 없었다.

분실구 처리를 하고 세컨드샷을 했던 지점으로 돌아가려고 하는 순간 동반플레이어인 코리 페이빈이 말을 걸어왔다. "나도 2주전 이 홀에서 똑같은 경험을 했다. 언플레이어블 볼 처리를 해라. 우리 둘이 볼이 야자수 쪽으로 날아간 것을 보지 않았느냐. 분실구이면 거리와 스트로크로 이중의 벌을 감수해야 하지만, 언플레이어블 볼 처리를 하면 1벌타를 받고 야자수 아래에서 샷을 하면 되지 않느냐."라고. 그러나 페이빈의 이 말은 틀린 것이었다.

팔도는 페이빈의 말을 따라 언플레이어블 볼 처리를 하고 나무 밑에서 드롭한 뒤 다음 샷을 했다. 둘은 6번홀을 마치고 7번홀 그린에 다다랐는데 경기위원이 와서 6번홀 상황을 물었다. 한 갤러리가 6번홀 상황을 경기위원에게 귀띔한 것이다.

"네 볼이 야자수 나무 위에 있다는 것을 확인했느냐?"라는 경기위원의 질문에 팔도는 "확인하지 못했으나 볼이 그쪽으로 날아간 것을 우리 둘이 보았고, 페이빈도 그렇게 하라고 해서 언플레이어블 볼 처리를 했다."라고 말했다. 경기위원은 "그러나 네 볼이 나무 위에 있다는 것을 확인하지 않은 이상 분실구 처리를 해야지, 언플레이어블 볼 처리를 한 것은 잘못이다. 중대한 오소 플레이를 했는데도 시정하지 않고 다음 홀로 넘어갔으므로 실격이다."라고 판정했다. 팔도는 "내가 경솔했다."라며 후회했지만 이미 때는 늦었다.

One Point 16

캐디가 할 수 있는 행위

　규칙에는 특별히 나와 있지 않지만 다음의 경우는 플레이어의 승인 없이 캐디가 플레이어를 위해 할 수 있는 행위들이다.

　◆ 플레이어의 볼 찾기(**규칙 12-1**) ◆ 플레이어의 클럽을 해저드 안에 놓는 행위(**규칙 13-4 예외1**) ◆ 오래된 홀 자국 및 볼마크 수리(**규칙 16-1a 및 1c**) ◆ 퍼트선 위에서 또는 다른 곳에서 루스 임페디먼트를 제거하는 일(**규칙 16-1a 및 23-1**) ◆ 볼을 집어 올리는 행위를 제외한 볼 위치를 마크하는 행위(**규칙 20-1**) ◆ 플레이어의 볼을 닦는 행위(**규칙 21**) ◆ 움직일 수 있는 장해물을 제거하는 일(**규칙 24-1**) 〈**규칙 1-2, 재정 6-4/10**〉

Real story

　● 이지영, '아버지 캐디' 잘못을 어찌하랴

　이지영은 미국LPGA투어 진출 전인 2005년 6월 한국여자프로골프 레이크사이드여자오픈 첫날 5번홀(파4)에서 캐디가 잘못한 탓에 2벌타를 받았다. 당시 캐디를 보던 아버지가 이지영의 퍼트선을 손으로

짚어 '퍼트선 접촉'을 한 것. 이지영은 졸지에 파가 더블보기로 변하면서 그날 스코어도 71타가 됐다. 캐디 잘못으로 공동 4위를 할 것이 공동 11위로 추락한 것.

● 스튜어트 애플비, 캐디 잘못으로 1억 날리다

2005년 미국PGA투어 NEC인비테이셔널 4라운드 13번홀에서 스튜어트 애플비는 캐디 잘못으로 2벌타를 받아야 했다. 볼이 카트도로에 멈춰 구제받고 드롭한 뒤 볼이 구르고 있는데 캐디가 그 볼을 집어 든 것. '규칙에 따라 허용하는 경우를 제외하고 플레이어나 캐디는 볼 위치 또는 그 움직임에 영향을 미치는 어떠한 행동도 해서는 안 된다'는 규정을 어긴 것. 애플비는 캐디 잘못으로 1억 원을 날렸다.

● 리치 람세이, 페널티 받고도 우승

2006년 8월 US아마추어선수권대회 8강전. 리치 람세이(영국)의 캐디가 17번홀에서 퍼트라인을 터치하는 바람에 람세이는 그 홀의 패를 당했다. 람세이는 또 그다음 날 준결승전 때 해저드에서 연습스윙을 하다가 클럽헤드가 지면에 닿는 바람에 홀 패를 당했으나 스코틀랜드 사람으로는 1898년 이후 처음 대회 우승자가 됐다.

● 캐디야, 왜 볼을 밟니?

2003년 미국PGA투어 악센추어매치플레이챔피언십 3, 4위전 때의 일이다. 피터 로나드가 아담 스콧에게 1홀 차로 졌는데, 로나드의 캐디가 '주인'의 패배를 자초한 장본인이었다. 당시 로나드는 8번홀까지 6홀 차로 뒤지다가 나머지 10개 홀에서 5홀을 따면서 박빙의 승부를 펼쳤는데, 그만 그의 캐디가 한 홀에서 볼을 밟아 1홀을 내주고 만 끝에 석패하고 말았다. 3, 4위의 상금 차이는 9만 달러에 달했다.

● 바이런 넬슨, 골프 역사상 가장 불명예스런 일

1946년 미국 오하이오주 캔터베리GC에서 열린 US오픈 3라운드. 바이런 넬슨의 캐디가 한순간 중심을 잃고 넬슨의 볼을 차고 말았다. 넬슨에게 1벌타가 과해진 것은 물론이었다. 결국 4라운드 후 연장전이 치러졌고, 넬슨은 3명이 나간 연장전에서 로이드 맨그럼에게 우승컵을 내주고 말았다. 이 사건은 '골프 역사상 가장 불명예스런 규칙 위반 9가지' 중 하나로 꼽힐 만큼 당사자나 주위 사람들에게 크나큰 교훈과 충격을 주었다.

집어올리기, 마크, 드롭, 플레이스, 리플레이스

◆ 집어올리기 : 규칙에 정한 경우 플레이어나 그의 파트너 또는 플레이어가 승인한 사람이 인플레이 볼을 들어 올리는 행위. 이 경우 모든 규칙 위반에 대한 책임은 플레이어가 진다.

◆ 마크 : 리플레이스(볼을 제자리에 놓는 것)해야 하는 규칙에 의하여 볼을 집어 올릴 때 사전에 그 볼 위치를 표시하는 행위. 만약 마크를 하지 않고 볼을 집어 올리면 플레이어에게 1벌타가 주어진다. 마크는 볼 마커, 작은 동전 또는 다른 유사한 물건으로 할 수 있으나, 그 위치는 볼 바로 뒤에 하는 것이 권장된다.

◆ 드롭 : 규칙에 의해 볼을 떨어뜨리는 행위. 플레이어 자신이 해야 한다. 똑바로 서서 볼을 어깨 높이까지 올려서 팔을 완전히 편 채로 해야 한다. 다른 사람이 드롭하거나, 다른 방법으로 드롭한 경우 그 잘못을 시정하지 않으면 플레이어에게 1벌타가 가해진다.

◆ 플레이스 : 규칙에 의해 볼을 일정 지점에 놓는 행위. 볼을 집어 올려서 볼이 있던 장소가 아닌, 다른 곳에 드롭하는 대신 놓는 것. 예컨대 '멎지 않은 볼을 멎을 수 있는 곳에 플레이스한다'고 할 때 쓰인다. 플레이스는 플레이어나 그 파트너가 해야 한다.

◆ 리플레이스 : 규칙에 의해 볼을 제자리에 갖다 놓는 행위. 집어

올리기 전에 볼이 있던 장소에 다시 놓는 것을 말한다. 이를테면 퍼팅 그린에서 마크하고 집은 볼을 다시 원위치에 놓을 때 '리플레이스한다'고 말한다. 리플레이스에는 반드시 '마크'라는 행위가 수반된다. 리플레이스는 플레이어 외에도 그의 캐디 또는 그 볼을 움직인 사람이 할 수 있다. 〈규칙 20〉

Real story

● 김대현, 친절한 경기위원

2008년 한중투어 KEB인비테이셔널이 열린 오스타CC. 마지막 날 김대현과 김대섭이 우승다툼을 벌이고 있었다. 한 홀에서 김대현이 드롭을 했는데, 볼이 굴러가자 경기위원이 볼을 집어든 뒤 놓아주기까지 했다. 경기위원은 볼이 낙하한 지점으로부터 두 클럽 길이 이상 벗어난 것으로 보고 그랬겠지만, 인플레이 볼을 집어 올리는 것은 플레이어나 플레이어가 승인한 사람이 하고, 플레이스하는 것은 플레이어가 하도록 돼 있다.

논란의 소지가 있었던 이 일은 유야무야되고 말았다. 그보다 앞서 대한골프협회가 주최한 대회에서도 경기위원이 선수가 드롭해 굴러가고 있는 볼을 주워들어 논란거리를 제공한 적이 있다.

● "어이! 데이비드 듀발, 대충 드롭할래?"

한때 남자골프 세계랭킹 1위까지 올라갔다가 극심한 슬럼프를 겪기도 한 데이비드 듀발. 2009년 5월 미국PGA투어 발레로 텍사스오픈 2라운드에서 드롭과 관련한 해프닝이 그에게 있었다. 17번홀(파3) 티샷이 그린 뒤 관중석 옆에 멈췄다.

관중석은 '임시 움직일 수 없는 장해물'이므로 구제를 받고 드롭이 허용됐다. 경기위원과 의논해 관중석이 샷을 하는 데 방해가 되지 않은 지점에 드롭을 했는데, 그 동작이 문제가 됐다. 듀발은 볼을 집어들어 가슴 높이에서 '대충' 드롭했던 것. 이 광경을 본 경기위원이 재드롭을 하도록 말했다.

'플레이어는 똑바로 서서 볼을 어깨 높이까지 올려서 팔을 완전히 편 채로 드롭하지 않으면 안 된다'는 〈규칙 20-2a〉에 근거를 둔 것은 물론이다. 듀발이 어깨 높이가 아니라, 가슴 높이에서 볼을 드롭했기 때문에 잘못 드롭한 것이고 그럴 경우 〈규칙 20-6〉에 의거, 시정해야 하는 것. 듀발은 경기위원 말대로 재드롭했다. 물론 벌타가 없다. 그러나 드롭 하나라도 규칙대로 철저히 해야 한다는 것을 보여준다.

이 경우 듀발이 시정(재드롭)하지 않고 첫 번째 드롭한 볼로 플레이를 했다면 1벌타가 부과된다. 듀발은 그 라운드에서 69타를 친 뒤 커트를 통과했으나 결국 공동 63위에 만족해야 했다.

● 지난 일 들춰 긁어부스럼 만든 샌디 라일

2009년 브리티시오픈은 당시 60세의 '노장' 톰 왓슨이 우승 문턱까지 갔다가 2위에 그친 것으로 사람들에게 기억된다. 그런데 샌디 라일과 콜린 몽고메리의 '사건'으로 인해 대회 전부터 시끌벅적했다.

라일이 몽고메리의 과거사를 들추며 몽고메리의 심기를 건드린 것. "몽고메리가 2005년 인도네시안오픈 때 플레이스를 잘못했다. 폭우가 쏟아져 마크를 한 뒤 볼을 집어 들고 철수했다가 그다음 날 그곳에 볼을 놓을 때 라이가 좋은 곳에 부정확하게 플레이스했다. 일종의 속임수인 것이다."라는 것이 라일 말의 요지다.

이 말이 보도되자 몽고메리는 몹시 언짢아했고, 유러피언투어 임원들조차 "왜 지난 일을 들추느냐?"라며 눈살을 찌푸렸다. 일부에서는 '라일이 2010라이더컵 유럽 팀 단장을 몽고메리가 차지하자 그것이 서운해 옛일을 까발린 것 아니냐'며 쑥덕거렸다.

라일은 사태가 확산될 조짐을 보이자 몽고메리에게 사과했으나 '병 주고 약 주는 짓을 왜 했느냐', '라일의 언급은 부적절했다'는 것이 관계자들의 중론이었다. 드롭이나 플레이스 같은 동작 하나라도 정확히, 그리고 명료하게 해야 뒷말이 없다는 것을 보여주는 사례다.

One Point 18

자신의 볼과 동반자의 볼을 식별할 수 없는 경우

A와 B가 티샷했는데 그들의 볼이 같은 지역에 떨어졌다. 두 볼이 모두 발견됐으나 A와 B가 동일한 종류의 볼을 플레이했고, 자신들의 볼에 아무런 표시를 하지 않았기 때문에 어느 것이 A의 볼이고, 어느 것이 B의 볼인지 확인할 수 없다.

이 경우 두 사람이 모두 자기 볼을 확인할 수 없기 때문에 두 볼 모두 분실구로 처리할 수밖에 없다. 플레이어는 어떤 경우라도 자신의 볼에 확인 표시를 해두는 것이 이런 예기치 못한 불이익을 막는 길이다.

만약 한 플레이어가 친 원구와 잠정구를 식별할 수 없는 경우는 어떻게 될까. 원구와 잠정구가 비슷한 곳으로 날아갔지만, 원구와 잠정구를 나타내는 표시를 하지 않았을 경우는 없어지거나 OB가 난 것을 원구로 하고 발견된 것을 잠정구로 해야 한다. 요컨대 플레이어가 아무런 표시를 하지 않았기 때문에 그에게 불리하게 해석되는 것이다.

〈규칙 27-1, 재정 27/10, 11〉

🏌 표시는 모든 골퍼의 의무

1996년 8월 중부CC에서 열린 한국여자프로골프 동일레나운 레이디 스클래식 때의 일. 5번홀(파5)에서 동반자 2명이 두 번째 샷을 한 뒤 가 보니 두 볼이 거의 붙어 있었다. 공교롭게도 두 선수는 같은 번호 의 '타이틀리스트' 볼을 사용했고, 아무런 표시도 해놓지 않았다. 당연 히 누구 볼인지 구별이 안 됐다.

이 경우 표시를 해두지 않았기 때문에 자신의 볼임을 확인하지 못하 면 두 사람 모두 분실구 처리를 하는 수밖에 없다. 그런데 당시 한 선 수가 전 홀에서 새 볼로 교체했다고 말을 했다. 자신의 볼이 첫 홀부 터 볼 하나로 플레이한 동반자의 볼보다 새것이라는 것을 경기위원에 게 설득한 끝에 가까스로 플레이를 계속할 수 있었지만 아찔한 순간 이었다. 라운드 전에 자신의 볼에 반드시 표시를 하는 습관을 들이는 것이 바람직하다.

● 게리 에반스, 심증은 있으나 물증이 없으니

2002년 7월 스코틀랜드 뮤어필드GC에서 열린 브리티시오픈 4라운드 때의 일. 게리 에반스가 17번홀(파5)에서 친 볼이 깊은 러프에 빠졌다. 선수와 캐디를 비롯해 주변에 있던 30여 명의 갤러리들이 합세해 찾았으나 허사였다. 당시 에반스는 '타이틀리스트 2번'을 사용했는데, 러프에서 발견된 두 개의 볼 가운데 하나가 '타이틀리스트 2번'이었다.

그러나 에반스는 자신의 볼에 표시를 해두지 않았기 때문에 발견된 볼이 자신의 볼이라고 주장할 수가 없었다. 에반스는 결국 분실구 처리를 한 뒤 직전 쳤던 곳으로 가서 플레이를 해야 했다. 볼에 표시를 해두지 않았기 때문에 스트로크와 거리의 벌을 함께 받은 사례다.

연습스윙이냐 실제스윙이냐

　발끝이 오르막인 라이에서 어렵사리 스윙을 했는데 클럽이 허공을 가르고 말았다. 이른바 '에어(air)샷'이다. 'whiff'라고도 한다. 동반자들은 모두 실제스윙으로 알고 있는데, 정작 본인은 연습스윙이었다고 발뺌을 한다. 이 경우 본인이 한사코 연습스윙이었다고 주장하면 어찌할 도리가 없다. 실제스윙이라면 1타로 치지만, 연습스윙이었다면 말 그대로 연습스윙일 뿐이다. 티샷도 마찬가지다.

　어드레스 자세를 취하고 힘껏 스윙했는데 클럽헤드가 볼 위를 지나가는 일이 종종 있다. 이때 동반자들은 "연습스윙 한번 힘차다."라고 위로를 해주곤 하는데, 본인이 양심이 있으면 1타를 가산해야 마땅하다.

〈규칙 2장 '용어의 정의' 53〉

Real story

● 데이비스 러브3세, 베테랑도 헛쳤다

데이비스 러브3세는 2006년 USPGA챔피언십 1라운드 17번홀(파3) 러프에서 황당한 경험을 했다. 티샷이 그린을 넘어 깊은 러프에 멈췄다. 산전수전 다 겪은 베테랑 프로는 그린을 향해 두 번째 샷을 했는데, 웨지는 그만 볼은 건드리지 않은 채 볼 밑을 통과하고 말았다. 헛친 것이다. 당황한 러브3세의 다음 샷은 벙커에 들어갔고, 결국 4온2퍼트로 트리플 보기를 했다. 선두였던 그는 4위로 떨어지고 말았다.

● 로레나 오초아의 경우

로레나 오초아도 헛친 적이 있다. 2007년 미국LPGA투어 나비스코챔피언십 3라운드 17번홀(파3). 6번아이언 티샷이 나무를 맞고 러프에 빠졌다. 두 번째 피치샷은 그린을 넘어 또다시 러프. 그곳에서 가뿐히 띄워 친다는 플롭샷을 시도했는데, 볼은 그대로 있고 클럽헤드만 볼밑을 지나갔다. 헛친 것. 오초아는 결국 그 홀에서 '쿼드러플보기'(한홀의 파보다 4타를 더 친 스코어)인 7타를 치면서 졸지에 선두권에서 10위 밖으로 밀려났다. 오초아의 그 대회 성적은 공동 10위.

● 미셸 위의 경우

미셸 위는 2006년 미국LPGA투어 삼성월드챔피언십 1라운드 14번홀(파4)에서 티샷이 카트도로에 멈춰 드롭했다. 드롭 후 러프에서 친두 번째 샷은 그만 허공을 가를 뿐이었다. 헛친 미셸 위는 허공을 향해 어이없는 표정을 지었다. 레이업-언플레이어블 볼 끝에 결국 6온2퍼트로 '더블파'를 기록하고 말았다.

● 아오키 이사오, 그린에서도 조심하라

그린에서도 헛칠 수가 있다. 2001년 2월 미국시니어PGA투어 로열캐리비안클래식 때의 일. 일본계 골퍼 아오키 이사오는 마지막 날 첫홀에서 '탭인 거리'(대충 쳐도 들어갈 수 있는 짧은 퍼트 거리)의 볼을퍼트하려다 그만 헛치고 말았다. 의도한 스윙이었으므로 1타가 가산된 것은 물론이다.

One Point 20

볼은 꼭 찾아야 할까

플레이어는 볼을 5분간 찾을 권리는 있어도 찾아야 할 의무는 없다.

〈규칙 12, 27〉

Real story

● 원구 포기하려면 '동작 빨리'

예를 들어 설명한다. 파3홀에서 첫 티샷이 깊은 숲속으로 갔다. 찾을 수 없을 듯하여 잠정구를 쳤는데 홀 바로 옆에 멈췄다. 원구를 찾더라도 잘해야 '보기'일 듯하여 원구를 포기하고 잠정구로 홀아웃, 간단히 보기를 했다. 이 경우 잠정구로 홀아웃한 것은 인정되며, 그 홀 스코어는 보기로 해도 되는가. 찾을 의무는 없기 때문에 원구를 포기하고 잠정구로 플레이를 속개할 수 있다. 그러나 잠정구를 치기 전에 동반자나 갤러리 · 캐디 등 누군가가 찾기 시작하여 5분 내에 원구를 찾았을 경우에는 잠정구를 포기하고 원구로 플레이를 계속해야 한다. 따라서 이 경우 원구를 포기하고 싶을 때에는 다른 사람이 원구를 찾기 전에 재빨리 그린에 가서 잠정구를 치면 된다.

One Point 21

플레이 중 볼을 바꿀 수 있을까

한 홀에서 티샷한 볼은 특별한 사정이 없는 한 그 볼로 홀아웃해야 한다. 그런데 한 홀에서 플레이 중 볼을 바꿀 수 있는 경우가 있다. 그것은 ◆ 볼이 경기하는 데 부적합할 때 ◆ 위원회가 경기를 중지했을 때 ◆ 다른 사람이 자신의 볼을 쳤을 때 ◆ 국외자가 볼을 가져가 곧바로 되찾을 수 없을 때 ◆ 드롭하거나 놓아야 할 볼을 바로 되찾을 수 없을 때 ◆ 볼이 워터해저드에 빠졌을 때 ◆ 볼을 분실했을 때 ◆ 볼이 OB가 되었을 때 ◆ 언플레이어블 볼 처리를 할 때 등이다.

〈규칙 5-3, 15-1, 15-2〉

Real story

● 볼 함부로 바꾸지 마라

아마추어 골퍼 A씨는 어프로치샷을 한 뒤 그린에 올라가 마크하고 볼을 집어 들었다. 볼을 보니 표면이 긁혀 있는 등 흠이 많았다. 그래서 그 볼을 그린 옆에 있는 연못에 던져버렸다. 그런 다음에야 동반플레이어에게 "볼에 흠이 많이 나 플레이에 적합하지 않을 듯하여 버렸다."라고 말했다. 그런 뒤 버젓이 다른 볼을 꺼내 플레이를 속개했다. 동반플레이어들은 "우리들에게 볼이 부적합하게 됐다고 말을 하지 않았고, 그 볼을 보여주지도 않았다."라며 클레임을 걸었다. 이 경우 A씨는 2벌타를 받아야 한다. 〈규칙 5-3(플레이에 부적합한 볼)〉을 위반한 데 대한 일반의 벌을 받거나, 오구를 친 데 대한 벌 중 하나만 적용하면 된다.

● 레이먼드 러셀, 무심코 던진 볼이 물에 빠지다

2001년 6월 영국 매리어트 포리스트에서 열린 유러피언투어 더 콤패스그룹 잉글리시오픈 최종라운드 17번홀. 레이먼드 러셀은 그린에 올린 볼을 마크한 뒤 집어 들어 늘 하던 대로 캐디에게 던져 주었는데 캐디가 놓쳐 볼이 연못에 빠져버렸다. 캐디는 벌타를 막기 위해 연못으로 들어갔으나 볼을 찾지 못했다. 러셀은 결국 다른 볼을 써야 했고 2벌타를 받고 말았다. 규칙이 허용하는 경우를 제외하고 플레이어는 한 홀에서는 티샷한 볼로 홀아웃을 해야 하고, 그렇지 않을 경우 2벌타를 받는다.

One Point 22

골프장 담장에 관하여

　OB 표시가 없고, 로컬룰 규정에도 없으면 울타리는 '움직일 수 없는 장해물'로 처리한다. 볼이 그 밖으로 넘어갈 경우 찾을 수 있으면 가서 치면 된다. 물론 무벌타다. 울타리 밖에서 찾았는데 칠 수 없는 상태라면 언플레이어블 볼을 선언할 수 있겠다. 또 스탠스를 취하거나 스윙을 하는 데 울타리가 방해가 되면 무벌타로 구제받아 프리드롭을 하면 된다. 클럽하우스도 마찬가지. 클럽하우스가 있는 곳이 OB라는 표시가 없을 경우 클럽하우스(움직일 수 없는 장해물) 안에 들어가서 치거나 구제를 받고 드롭한 뒤 칠 수 있다. 두바이 골프장 중에 담장 있는 곳이 많다고 한다. 　　　　　　〈규칙 24-3b, 재정 24-2b/14〉

Real story

　● 운 좋은 타이거 우즈

　2006년 미국PGA투어 브리지스톤 인비테이셔널 2라운드 9번홀(파 4). 타이거 우즈가 러프에서 친 두 번째 샷이 그린을 오버하고 카트도로에 바운스되며 2층짜리 클럽하우스 지붕 위로 사라졌다. 클럽하우스는 OB가 아니었다. 경기위원은 우즈의 볼을 분실구로 처리할 수도 있었으나, '움직일 수 없는 장해물'에서 사라진 것으로 간주, 구제를 선언했다. OB도, 분실구도 아니었기 때문에 우즈는 무벌타 드롭을 했고, 세 번째 샷을 홀 옆 7m 지점에 떨어뜨려 보기로 홀아웃했다.

● 니겔 덴햄의 재치

1974년 무어타운GC에서 열린 잉글리시오픈 아마추어 스트로크플레이챔피언십 때. 니겔 덴햄이 18번홀에서 한 어프로치샷이 그린 너머 카트도로에 맞은 뒤 바운스돼 클럽하우스 바(bar)로 들어가 버렸다.

머리 회전이 빨랐던 덴햄은 바의 창문을 열어젖힌 채 샷을 강행했다. 그의 볼은 그린에 올랐고 기적 같은 파퍼트를 성공했다. 이 경우 바 자체는 움직일 수 없는 장해물이나, 창문이나 출입문은 움직일 수 있는 장해물이라고 주장하면 받아들여야 한다는 판례가 있다.

임시 움직일 수 없는 장해물

임시 움직일 수 없는 장해물이란 천막·스코어보드·광고판·관람석·TV중계탑·이동식화장실 등을 말한다. 주로 대회를 개최하기 위해 임시로 설치된 인공 물체를 일컫는다. 대개 경기위원회에서 이런 임시 장해물에 대해 로컬룰을 제정하여 고지한다.

이런 장해물이 스윙 구역이나 스탠스를 취하는 데 방해가 되는 경우, 또는 볼과 홀 사이의 플레이선상에 있는 경우, 그리고 볼이 그러한 장해가 있는 지점에서 한 클럽 길이 이내에 있는 경우도 역시 방해가 되는 것으로 간주한다.

플레이어의 볼이 이런 장해물의 방해를 받을 때에는 그런 장해물을 피할 수 있는 곳으로서 홀에 가깝지 않은 지점을 정하고 그 지점으로부터 한 클럽 길이 내에 벌타 없이 볼을 드롭할 수 있다.

〈규칙 13-2 및 24-2, 부속규칙 I 〉

● 타이거 우즈, 규칙 지식도 황제

타이거 우즈는 골프 기량만큼이나 규칙 지식도 '황제'답다. 우즈가 규칙 위반으로 벌타를 받았다는 것은 자료를 뒤져야 알 수 있을 정도다. 그런 우즈가 2005년 5월 미국PGA투어 와코비아챔피언십 4라운드 10번홀에서 벌타를 받았다. 우즈의 티샷이 오른쪽 러프로 날아갔다. 볼이 멈춘 곳 옆에는 임시 담장이 쳐져 있었다.

우즈는 그 담장이 방해가 되므로 억지로 담장을 제거한 뒤 샷을 했다. 임시 담장은 '움직일 수 없는 장해물'이었다. 당연히 장해물에 따른 구제절차를 밟아 드롭한 뒤 샷을 했어야 했다. 그러나 우즈는 '움직일 수 없는' 그 장해물을 치운 뒤 샷을 했으므로 2벌타가 따랐다. 외신들은 '우즈가 프로 데뷔 10년 동안 규칙 해석을 잘못해 받은 몇 안 되는 벌타 사례'라고 전했다.

● 신지애도 얼떨결에

신지애는 OB도 잘 안 내지만, 규칙에 대한 지식도 상당한 수준인 것으로 알려져 있다. 그가 규칙 위반으로 벌타를 받은 것은 몇 차례 안 된다. 2007년 1월 20일 남아공에서 열린 여자월드컵에 나갔을 때다.

김영과 함께 포섬경기를 하는데 볼 옆에 광고판(움직일 수 없는 임시 장해물)이 있었다. 그럴 경우 구제를 받고 드롭을 해야 하는데, 신지애는 그 광고판을 치우고(실제로는 대회 진행요원이 치움) 샷을 한 것. 2벌타가 따랐다. 한국은 결국 파라과이, 미국에 이어 3위를 차지했다.

● 닉 프라이스, 광고판은 그냥 두어라

닉 프라이스도 1992년 남아공 선시티에서 열린 밀리언달러챌린지에서 비슷한 경험을 했다. 드라이버샷이 페어웨이 옆에 있는 광고판 옆에 멈췄다. 프라이스는 그 광고판이 '움직일 수 있는 장해물'인 것으로 보고 캐디에게 그것을 치우라고 한 뒤 샷을 했다. 샷을 한 뒤에는 광고판을 원위치시켜 놓기까지 했다. 그러나 광고판은 '임시 움직일 수 없는 장해물'이고 그것을 치울 경우 2벌타가 따른다.

프라이스는 "경기가 끝날 때까지 그 사실을 몰랐다."라고 말했으나 그 벌타를 스코어에 가산하지 않은 바람에 스코어 카드 오기로 실격 당하고 말았다. 프라이스는 그 이듬해 그 대회에서 우승하면서 실격의 수모를 씻었다.

● 최진호, 오지랖 넓은 경기위원

2006년 10월 한국프로골프 기아로체 비발디파크오픈 4라운드 18번 홀. 최진호의 볼이 TV중계탑과 나무 사이에 멈췄다. TV중계탑은 임시 장해물이어서 기점으로부터 한 클럽 길이 내에 드롭하고 칠 수 있는데, 경기위원은 최진호에게 한 클럽 길이보다 더 긴, 완전한 구제를 허용했다.

동반플레이어인 김종덕이 이의를 제기했으나 받아들여지지 않았다. 최진호가 공동 2위 두 명을 1타차로 따돌리고 우승하면서 경기위원이 허용한 드롭 구역이 정당했느냐는 논란이 한동안 이어졌다.

골퍼들이 자주 위반하는 규칙 **10**가지

세계 각국 골프협회의 규칙위원들이 집계한 '골퍼들이 가장 자주 위반하는 10가지 규칙'은 다음과 같다.

✚ 1위 : 어드바이스를 아무렇지도 않게 주고받는 일에서부터 퍼트 선에 손이나 깃대를 대면서 라인을 알려주는 일

✚ 2위 : 카트도로나 수리지 등에 멈춘 볼을 구제받을 때 유리한 장소를 골라 드롭하는 일

✚ 3위 : 워터해저드에 볼을 넣고 난 뒤 제멋대로 유리한 지점에서 볼을 드롭하고 다음 샷을 하는 일

✚ 4위 : 볼 뒤 잔디나 지면을 누르거나 두드리는 등 볼이나 코스의 상태를 개선한 뒤 플레이하는 일

✚ 5위 : 퍼트선상의 스파이크 자국을 퍼터헤드로 툭툭 쳐서 평평하게 하는 일

✚ 6위 : 로스트볼이 되면 1벌타 후 제자리로 돌아가 샷을 해야 하지만, 분실 지점 인근에서 치는 일

✚ 7위 : 움직일 수 없는 장해물이나 수리지 등으로부터 구제받을 때 한 클럽 길이를 벗어나 드롭하는 일

✚ 8위 : 잠정구를 칠 때 "잠정구를 친다."라고 말하지 않고 "나 하나 더 칠 거야." 등으로 얼버무리는 일

✚ 9위 : 언플레이어블 볼 처리를 할 때 두 클럽 길이 내에 드롭하지 않고 치기 쉬운 곳에 볼을 살짝 놓고 치는 일

✚ 10위 : 분실 염려가 있는 볼을 찾을 때 5분을 넘기는 일

3장

일반적인
골프규칙

One Point 24

볼 찾는 시간은 5분

친 볼이 숲속으로 날아갔다. 낙하 예상 지점에 도착해서 찾을 수 있는 시간 한도는 5분이다. 5분 내에 볼을 찾으면 그 볼이 인플레이 볼이 되지만, 5분을 넘으면 찾아도 소용없고 분실구가 된다. 그런데 국내 골프장 사정은 5분을 허용하지 않는다. 뒤 조 골퍼들이 기다리고 있는데다 캐디도 재촉하기 때문이다.　〈규칙 27-1c, 18-2 및 4〉

Real story

● 이시카와 료의 실수

볼을 찾을 때는 조심해야 할 것이 두 가지가 있다. 하나는 제한 시간 5분을 지켜야 한다는 점이고, 다른 하나는 볼을 찾다가 볼을 건드리지 말아야 한다는 점이다. 제한 시간은 볼까지 걸어가는 시간은 포함하지 않는다. 볼이 있을 것으로 예상하는 지점에 당도해 명시적으로 볼을 찾기 시작한 시점으로부터 5분간이다.

일본남자골프의 기대주 이시카와 료가 2008년 11월 던롭피닉스대회 1라운드 14번홀 러프에서 볼을 찾던 중 자신의 볼을 오른발로 밟아 1

벌타를 받았다. 이시카와는 그 홀에서 더블보기를 기록했는데, 그 더블보기가 경기 흐름에 영향을 주었는지 결국 1타차로 2위에 그쳤다.

● 순진했던 박지은

박지은도 아마추어 시절 미국 대회에 나가 러프에서 볼을 찾던 중 "내 볼 여기 있다."라며 경기위원에게 말한 적이 있다. 위원이 어떻게 발견했느냐고 묻자 박지은은 "찾다 보니 발밑에 뭉툭한 것이 있어 뒤적거려 보니 내 볼이었다."라고 순진하게 말했다. 경기위원이 박지은에게 인플레이 볼을 움직였다는 이유로 1벌타를 가한 것은 물론이다.

● 그레그 노먼, 위험천만한 볼 찾기

1999년 마스터스토너먼트 3라운드 때 그레그 노먼도 아찔한 경험을 했다. 그 유명한 오거스타내셔널GC 12번홀(파3)에서 티샷이 그린을 넘어 덤불 속으로 사라졌다. 그 덤불은 그린 가장자리에서 3~4m 밖에 안 떨어져 있었지만, 노먼은 결국 볼을 찾지 못해 분실구 처리를 했고, 티잉그라운드로 돌아가 다시 티샷을 한 끝에 보기를 했다. 그런데 원구를 찾을 때 노먼뿐 아니라 그의 캐디가 덤불을 이리저리 헤치고 다녔는데 위험천만한 일이었다. 지켜보는 사람들의 마음을 졸이게 하기에 충분했다. 노먼이나 그 캐디가 볼을 찾다가 밟거나 움직이면 1벌타가 부과되기 때문이다. 그럴 때는 동반자나 동반자의 캐디, 경기위원에게 볼을 찾아달라고 적극적으로 요구하는 것이 현명하다. 그들이 찾다가 볼을 움직일 경우엔 노먼에게 벌타가 부과되지 않는다.

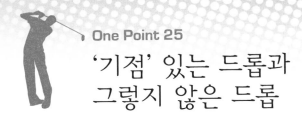

One Point 25

'기점' 있는 드롭과
그렇지 않은 드롭

　같은 드롭이라도 구제를 받을 경우와 워터해저드 · 언플레이어블 볼 처리의 경우는 다르다. 먼저 인공장해물, 수리지, 캐주얼 워터 등으로부터 구제받아 드롭할 경우 '니어리스트 포인트'를 정한 뒤 그곳으로부터 한 클럽 길이 내에 드롭하고 치면 된다.

　다음 워터해저드와 언플레이어블 볼 처리는 좀 다르다. 워터해저드의 경우 '볼이 최후로 경계선을 넘은 지점'으로부터 후방선상이나 두 클럽 길이 내에 드롭하고 치면 된다. 언플레이어블 볼 처리시에도 볼이 있던 곳으로부터 두 클럽 길이 내에 드롭하고 치면 된다. 특히 언플레이어블 볼 처리를 하고 드롭했는데 볼이 또다시 플레이하기 어려운 지점으로 굴러가도 재드롭을 하지 못하고 그곳에서 플레이를 속개하거나 또다시 언플레이어블 볼 처리를 해야 하므로 주의해서 드롭해야 한다. 〈규칙 2장 '용어의 정의' 36 및 규칙 24-2, 25-1, 25-3, 26, 27〉
(108~118쪽 그림 참조)

● 미셸 위, 눈물의 프로 데뷔전

2005년 10월 미국LPGA투어 삼성월드챔피언십. 재미교포 미셸 위가 프로로 데뷔한 무대였다. 미셸 위는 4라운드 합계 8언더파 282타의 단독 4위로 프로 데뷔전을 무난히 마쳤는가 싶었는데 '실격'이라는 청천벽력이 기다리고 있었다. 3라운드 7번홀(파5)에서 언플레이어블 볼을 선언한 뒤 드롭을 잘못한 것이 밝혀졌고, 오소 플레이한 2벌타를 스코어 카드에 적지 않았기 때문에 스코어 오기로 실격당한 것. 당시 미셸 위에게 서운한 감정을 갖고 있던 한 외국 기자가 드롭 장면을 유심히 보았다가 나중에 경기위원회에 고발함으로써 밝혀진 일이다. 언플레이어블 볼 처리를 한 뒤 드롭할 경우에도 볼이 홀 쪽으로 더 가까이 가면 안 되는데, '미셸 위의 경우 30cm나 홀 쪽으로 더 갔다'는 것이 경기위원회의 판정이었다. 당사자에게는 기막힌 일이었으나, 귀중한 보약이 됐을 법하다.

● 미셸 위, 러프보다 카트도로가 좋아

미셸 위가 2009년 4월 한국의 한 대회에서 언플레이어블 볼 상황과 관련, 또 한 번 주목을 끌었다. 스카이힐제주CC에서 열린 한국여자프로골프 MBC투어 롯데마트여자오픈 1라운드 4번홀(파5)에서 티샷이 숲속으로 들어가자 언플레이어블 볼을 선언했다. 그런데 볼에서 홀에 가깝지 않은 곳으로 두 클럽 길이 내에 드롭하려는데 숲 쪽은 풀과 나무가 우거졌고, 카트도로 쪽은 목표 방향으로 샷을 날릴 수 있었다. 그래서 그는 장해물이 많은 숲속보다는 카트도로에 드롭하는 것이 다음 샷을 하기 쉬울 것으로 생각하고 카트도로에 드롭했다. 물론 얼마든지 가능한 일이다.

드롭한 볼이 튀어 낙하지점에서 두 클럽 길이를 벗어나면 재드롭하고, 그래도 또 두 클럽 길이 이상으로 튀면 그곳(카트도로상 낙하지점)에 놓고 치면 된다. 미셸 위를 비롯 타이거 우즈, 비제이 싱 등 많은 프로골퍼들은 깊은 러프보다 카트도로에서 샷을 하는 것이 쉽다고 보고 가끔 카트도로에서 샷을 하곤 한다. 카트도로에서 세 번째 샷을 한 미셸 위는 그 홀에서 더블보기를 기록했다.

One Point 26

말뚝과 살아 있는 나무

골프 코스에는 말뚝이 많다. 흰색으로 된 OB말뚝, 노란색과 빨간색으로 된 워터해저드 말뚝, 코스 옆의 거리 표시 말뚝, 수리지 표시 말뚝 등이 그것이다.

먼저 OB말뚝은 장해물이 아니라 고정물로 본다. 따라서 뽑거나 제거하면 안 된다. OB말뚝을 제외한 나머지 말뚝은 장해물이므로 손쉽게 뽑히면 뽑고 쳐도 좋다. 단, 뽑히지 않을 경우엔 장해물로 인한 구제를 받으면 된다.

골프장에 따라서는 홀까지의 거리를 말뚝 대신 '살아 있는 나무'로 표시하는 경우가 있다. 살아 있는 나무는 인공 말뚝과 달리 자연물이므로 볼이 그 근처에 멈추더라도 구제받지 못한다. 그대로 치거나 언플레이어블 볼 처리를 해야 한다.

〈규칙 2장 '용어의 정의' 38 및 39, 규칙 24〉

● 안시현, OB말뚝을 뽑아버리다니!

2003년 한국에서 열린 미국LPGA투어 CJ나인브릿지클래식에서 우승하며 신데렐라로 떠오른 안시현. 그가 2005년 한국여자프로골프 엑스캔버스여자오픈 첫날 뉴서울CC 북코스 3번홀(파3)에서 OB말뚝 때문에 이미지를 구겨버린 일이 있었다. 티샷이 OB말뚝 근처에 떨어졌는데 스윙에 방해가 됐는지 OB말뚝을 뽑아버린 것. 규칙상 OB말뚝은 인공장해물이 아니라 고정된 것이기 때문에 제거해서는 안 된다. 안시현은 그 홀에서 '쿼드러플보기'(한 홀의 파보다 4타 더 친 스코어)인 7타를 치며 하위권으로 추락했다. 안시현은 2, 3라운드에서 선전했으나 결국 2타차로 공동 5위에 머물렀다.

One Point 27

순서를 바꿔 플레이해도 될까

골프는 첫 홀에서만 제비뽑기로 샷 순서를 정할 뿐 그 다음 홀부터는 전 홀에서 적은 타수를 기록한 골퍼가 먼저 친다. 스루 더 그린에서는 홀에서 먼 골퍼가 먼저 치고, 그린에서 역시 홀에서 먼 골퍼가 먼저 퍼트를 하는 것이 순서다. 그러나 부주의로, 캐디의 재촉 때문에, 성질이 급한 나머지 순서가 아닌데도 샷을 하는 경우가 있다. 그래도 벌타는 없다. 단, 동반자들에 대한 예의는 아니다. 부상을 당할 염려도 있고, 동반자가 놀랄 수도 있다. 무엇보다 샷을 준비 중인 동반자가 샷을 그르칠 수 있다. 따라서 가능하면 자신의 차례가 됐을 때 샷을 하는 것이 바람직하다. 〈규칙 10〉

Real story

● 아니카 소렌스탐의 눈물

2000년 10월 스코틀랜드에서 열린 솔하임컵에서 발생한 일. 솔하임컵은 미국-유럽의 여자프로골프단체전으로 남자골프의 라이더컵에 비견된다. 매치플레이로 치러지는 이 대회에서 양 팀 선수들은 대류의 명예를 걸고 혼신의 힘을 다해 싸운다. 유럽 팀의 아니카 소렌스탐이 둘째 날 13번홀에서 칩샷을 한 것이 그대로 홀로 들어가며 버디를 기록했다. 그런데 미국 팀의 팻 허스트가 어필했다. "샷 순서를 어겼기 때문에 무효다."라는 말을 한 것. 소렌스탐 볼보다 허스트의 볼이 홀에서 멀었기 때문에 허스트가 먼저 샷을 해야 한다는 뜻이었다. 매치플레이에서는 샷 순서를 어길 경우 동반자가 "다시 쳐라."라고 하면 그 샷을 취소하고 다시 쳐야 한다. 소렌스탐은 할 수 없이 그렇게 했고, 이번에는 파를 기록했다. 소렌스탐은 경기 후 "스포츠맨십이 아니다."라며 눈물을 흘렸으나 경기는 경기고, 규칙은 규칙이었다. 이 책은 스트로크플레이의 규칙만 설명하고 있지만, 굳이 매치플레이 얘기를 꺼낸 것은 평소 순서대로 샷을 하는 습관을 들이라는 취지에서다.

One Point 28

거리에 대한 정보를
물어봐도 될까

2008년 개정된 규칙에서는 거리에 대한 정보는 어드바이스가 아니라고 규정했다. 따라서 홀이나 특정 지점까지의 거리를 물어보는 것은 상관없다. 동반자 또는 동반자의 캐디한테 물어봐도 벌타가 없다.

〈규칙 2장 '용어의 정의' 3, 규칙 8-1, 14-3 주〉

Real story

● 스튜어트 애플비, 거리 측정 기구는 원칙적으로 안 된다

규칙이 개정돼 거리에 대한 정보를 물어보는 것은 벌타가 없어졌으나, 레이저 측정 기구로 거리를 재는 행위는 허용되지 않는다. 스튜어트 애플비는 2000년 아일랜드에서 열린 JP 맥마더스프로암 1라운드에서 거리를 측정할 때 레이저 기구를 사용한 것이 밝혀져 실격당했다. 애플비가 2라운드 경기에서 1위를 했음에도 실격당함에 따라 그보다 1타 뒤진 타이거 우즈가 어부지리로 우승한 적이 있다. 다만 2008년 개정된 규칙에서는 로컬룰이 허용하는 한 '단지 거리만 측정하는 기구'를 사용할 수 있도록 했다.

One Point 29

티잉그라운드 밖에서
티샷했을 때

    티잉그라운드란 플레이할 홀의 출발 장소를 일컫는다. 티잉그라운드는 두 티마커를 잇는 선을 한 변으로 하고 각 티마커에서 뒤쪽으로 두 클럽 길이의 선을 한 변으로 하는 직사각형의 구역이다.

    볼 전체가 티잉그라운드 밖에 놓인 경우 그 볼은 티잉그라운드 밖에 있는 것이다. 티잉그라운드 밖에서, 즉 속된 말로 '배꼽이 나온 상태'로 티샷을 하면 2벌타가 따른다. 그런데 티잉그라운드 밖에서 티샷한 것은 인플레이 볼이 아니다. 2벌타를 받은 뒤 티잉그라운드에서 다시 쳐야 한다. 그렇게 시정하지 않고 다음 홀 티샷을 하거나, 마지막 홀의 경우 그린을 떠나면 실격이 된다. 티잉그라운드 밖에서 티샷한 볼이 OB가 나더라도 마찬가지로 2벌타를 받은 뒤 티잉그라운드에서 다시 쳐야 한다.

    볼은 티잉그라운드 안에 있고, 골퍼의 발이나 몸은 티잉그라운드 밖에 있을 때는 상관없다. 요컨대 볼만 티잉그라운드 안에 있으면 된다는 말이다. 〈규칙 11-4〉

● 마이크 도널드, 경기위원이 아니었다면

1990년 6월 미국 일리노이주 메디나CC 넘버3코스에서 열린 US오픈. 헤일 어윈과 마이크 도널드가 72홀로 승부를 가리지 못해 18홀 플레이오프를 치렀다. 도널드가 1타 앞선 가운데 18번홀에 다다랐다. 그런데 도널드가 18번홀 티잉그라운드에서 티마커 밖에 티업을 했다. 그때 옆에 있던 경기위원이 지적을 해주자 도널드는 티마커 안쪽으로 티를 옮겨 꽂은 뒤 티샷을 했다. 티샷을 한 뒤 그 사실을 알렸더라면 도널드는 2벌타를 받았을 것이고, 어윈이 1타 앞선 채 그 홀 경기를 할 뻔했다. 경기위원의 도움으로 아찔한 순간을 넘긴 도널드는 그러나 그 홀에서 보기를 기록, 어윈과 다시 동타가 된 뒤 91번째 홀인 서든데스 연장전에서 어윈에게 패하고 말았다.

● 티잉그라운드 밖에서 친 샷 OB나도 3타째

티잉그라운드 안에서 친 볼이 OB가 됐을 때와 티잉그라운드 밖에서 친 볼이 OB가 됐을 때 타수를 계산해보자. 결론은 티잉그라운드에서 다시 치는 볼은 두 경우 모두 제3타가 된다. 먼저 티잉그라운드 안에서 친 볼이 OB가 났을 경우다. 요컨대 '처음 친 1타+OB 1벌타+다시 친 1타'로 합계 3타가 된다. 다음 티잉그라운드 밖에서 친 볼이 OB가 났을 경우다. 이때는 친 타구와 OB로 인한 벌타는 타수계산에 산입하지 않는다. 그러면 '티잉그라운드 밖에서 친 2벌타+다시 친 1타'로 합계 3타가 되는 것이다.

One Point 30

티업한 뒤 볼의 뒷면 잔디를
발로 다져도 될까

티잉그라운드에서 티샷을 하기 전에는 상관없다. 벌타가 없다는 얘기다. 인플레이 전이기 때문에 그렇다. 그러나 일단 티샷을 하고 나가면 상황은 달라진다. 페어웨이나 러프에 있는 볼을 치기 전에 발이나 클럽헤드로 볼 뒤를 다지면 라이 개선으로 2벌타를 받는다.

아마추어 골퍼 중에는 상습적으로 그렇게 하는 사람이 있다. 당연히 그렇게 하면 볼이 치기 쉬워지고 스코어도 좋아지게 마련이다. 그러나 동반자들이 다 보고 있다는 것을 명심하자. 그렇게 규칙을 위반하면서까지 스코어를 낮춘들 무슨 성취감이 있겠는가. 〈규칙 13-2〉

⚑ **Real story**

🔘 점보 오자키 앞에서는 규칙도 안 통해?

일본의 간판골퍼 점보 오자키가 체면을 구긴 일이 있다. 오자키는 일본골프투어에서 94승을 올린 데서 보듯 한때 일본남자골프의 '간판'이자 '우상'이었다. 한번은 '백상어' 그레그 노먼이 일본 대회에 초청받아 오자키와 동반플레이를 했다. 그런데 노먼이 볼 때 오자키의 '프리

샷 루틴'이 이상했다. 페어웨이든 러프든, 치기 전에 클럽헤드로 볼 뒤를 툭툭 누르는 것이 습관이 되다시피한 것. 노먼은 그 자리에서는 말하지 않았으나 나중에 그 일을 회상하면서 "그런 식으로 볼을 쳐 일본에서 몇 십 승을 거두는 것이 무슨 소용인가."라며 우회적으로 오자키의 행동을 비난했다. 미국PGA투어라면 오자키의 행동은 라이 개선으로 2벌타를 받을 소지가 다분했다. 일본골프투어에서 활약하는 김형태는 "오자키는 티샷한 볼이 러프에 들어가면 드라이버를 든 채 러프까지 간다. 드라이버로 러프에 있는 볼 뒤를 다지기 위해서다. 드라이버는 헤드가 넙적하여 아이언보다 다지기가 좋지 않은가. 그런 뒤 샷을 하므로 러프샷도 페어웨이에서처럼 '딱' 소리가 난다. 러프샷인데도 볼은 낙하 후 곧바로 멈추는 묘기를 부리곤 한다."라고 경험담을 소개한다.

🔘 케니 페리의 오점

'베테랑' 케니 페리(미국)는 2009년 2월 미국PGA투어 FRB오픈에서 49세의 나이로 우승한다. 그러나 그 석 달 후 그에게 '오점'이 될 수도 있는 일이 그 대회에서 벌어졌다는 것이 드러났다. 당시 페리는 4라운드 합계 14언더파 270타로 찰리 호프만과 공동 선두를 이룬 뒤 연장 세 번째 홀에서 버디를 잡고 우승컵을 안았다. 재미교포 케빈 나는 두 선수에게 1타가 뒤져 단독 3위를 했다. 그런데 페리가 연장 첫 번째 홀에서 규칙을 위반했다는 사실이 CBS의 화면을 통해 공개되면서 논쟁이 촉발됐다.

연장 첫 번째 홀 경기는 18번홀(파4)에서 치러졌다. 페리가 친 볼이 러프에 빠졌는데 볼 윗부분이 보일 듯 말 듯했다. 볼에 다가선 페리는 웨지로 볼 뒤 잔디를 서너 차례 내려쳤다. 그러자 볼이 확연히 드러났다. 라이가 엄청나게 좋게 개선된 것. 페리는 그런 다음 아무 일도 없었다는 듯 샷을 했다. 그 화면이 공개되자마자 각 골프사이트를 비롯 월스트리트저널까지 나서 페리와 '줏대 없는' 대회 경기위원회를 비난 했다. 누가 보아도 '라이 개선'이었는데도 경기위원들은 그 화면을 보 고도 '라이를 개선할 의도가 없다고 보인다. 클럽헤드로 과도하게 잔 디를 누르지 않았다'며 페리의 손을 들어주었기 때문이다. 그러나 그 '의도(고의성)'가 문제다. 라이를 개선할 의도가 있었는지 여부에 상 관없이 객관적으로 봤을 때 라이를 개선한 행동이었다면 응당 벌타가 주어지고, 실격 처리를 해야 하는데도 그들에겐 마이동풍이었다. 페리 는 일단 '무사히' 넘어갔으나, 그 사례는 두고두고 골프규칙 관련 해프 닝으로 거론될지도 모른다.

One Point 31

볼을 치우도록 요구받을 경우

　퍼팅 그린에서 동반자의 볼이 자신의 볼과는 먼 데다 퍼트선상도 아닌 곳에 있는데도 치워주도록 요구할 수 있는가. 그렇다. 요구를 받은 동반자는 그것을 거절해서는 안 된다. 퍼팅 그린뿐 아니라, 그린 주변에서도 그런 요구를 하면 받아들여야 한다.

　플레이어는 동반자의 볼이 눈에 거슬리면 치워주도록 요구할 수 있으며 그런 요구를 받으면 반드시 마크하고 집어 올려야 한다. 그 요구를 거절할 경우 규칙 준수의 거부로 실격까지 당할 수 있다. 이런 경우 그린 밖에서 마크하고 집어 올린 볼은 닦을 수 없으므로 조심해야 한다.

〈규칙 3-4, 22-1, 재정 3-4/1〉

억지부리기보다는 순리 따라야

A의 볼은 그린에 올라 홀 근처에 머물렀다. B의 볼은 아직 그린 밖에 있다. A가 자신의 볼이 B의 플레이에 도움이 될지 모른다며 집어 올린다는 의사를 B에게 말했다. 그러나 B는 A에게 볼을 집어 올리지 말기를 원한다고 말한 뒤 A가 볼을 집어 올리기도 전에 플레이했다. 이 경우 B는 실격이다.

몇 번 클럽으로 쳤어요?

플레이어가 볼을 치기 전에 먼저 친 동반자에게 "몇 번 클럽으로 쳤는가?"라고 물어보면 물어본 사람한테 2벌타가 부과된다. 물음을 받은 동반자가 아무 말을 하지 않으면 벌타가 없으나, "몇 번으로 쳤다."라고 말할 경우 동반자에게도 2벌타가 가해진다. 물어보는 대신 동반자의 백 안을 들여다보는 것은 상관없다. 그러나 백커버나 수건을 젖히고 백 안을 쳐다보면 2벌타가 주어진다. 또 스트로크한 후 플레이어가 "내가 5번아이언을 쳤어야 했는데."라고 말했다고 하자. 이 경우 무심코 한 말이었다면 벌타가 없지만, 같은 장소에서 플레이하려는 다른 플레이어를 향해 말했다면 규칙 위반이 된다.

한편 지난 홀에서 몇 번 클럽을 사용했는지 물어보는 것은 상관없다. 이미 지나간 홀이기 때문이다. 〈규칙 8-1, 재정 8-1/8〉

● 마크 윌슨, 입이 가벼운 캐디 탓에

2007년 미국PGA투어 혼다클래식 2라운드 5번홀(파3 · 길이 217야드). 전년 챔피언 마크 윌슨이 하이브리드 클럽으로 먼저 티샷을 했다. 동반플레이어 카밀로 비예가스는 자신의 캐디에게 "무슨 클럽이냐?"라고 물었다. 그러자 그의 캐디는 "2번 아니면 3번 아이언같다."라고 말했다. 거기까지는 별 이상이 없었다. 그런데 갑자기 윌슨 캐디가 "18도 클럽이다."라고 외쳤다. 윌슨 캐디가 잘못한 것이다. 당연히 그 벌은 윌슨에게 돌아가야 할 판이었다. 윌슨은 스스로 2벌타를 부과했다. 윌슨의 캐디는 경기 후 눈물로써 미안함을 호소했으나 윌슨은 개의치 않고 최종 라운드까지 선전했다. 결국 연장 세 번째 홀까지 가는 접전 끝에 비예가스, 부 위클리, 호세 코세레스를 꺾고 111번째 출전 대회 만에 감격의 투어 첫 승을 올렸다. 우승 직후 그는 "스스로 벌타를 부과하지 않았더라면 그 사실이 뇌리에 남아 오히려 우승하지 못했을 것이다."라며 겸손해했다. 정직이 가져다준 보답이 아닐까.

● 그레그 챌머스, 약 올라도 참아야지!

2001년 미국PGA투어 캠퍼오픈에서 일어났던 일. '왼손잡이' 그레그 챌머스(호주)는 클럽을 선택하려고 할 때마다 동반플레이어의 캐디가 자꾸 기웃거리는 것이 눈에 거슬렸다. 그러다가 파3홀에서 친 샷이 엉뚱한 곳으로 나가자 화를 참지 못하고, 자신이 몇 번 클럽으로 쳤는지 엿보고 있는 그 캐디에게 "그래, 6번으로 쳤다. 어쩔래. 저리 꺼져!"라고 내뱉었다. 그 사실이 나중에 알려지면서 챌머스는 클럽 선택에 관한 어드바이스를 한 것으로 간주돼 2벌타를 받았고 그 벌타를 스코어에 가산하지 않았다고 하여 실격당했다.

One Point 33

바람 때문에 볼이 움직였을 때

인플레이 볼이 바람 때문에 저절로 움직였다. 어떻게 해야 할까. 바람은 '국외자'가 아니다. 그러므로 그대로 쳐야 한다. 바람에 의해 볼이 움직여 멈춘 자리에서 다음 플레이를 속개해야 한다는 말이다. 바람 때문이든, 저절로 그렇든, 놓인 볼이 움직이면 볼이 멈춘 곳에서 다음 샷을 해야 한다.

바람 때문에 볼이 움직였는데도, 볼을 집어 들어 원래 위치에 갖다 놓으면 오히려 1벌타가 과해진다. 이때는 1벌타 후 볼을 바람에 의해 움직여 멈춘 곳으로 되돌려 놓아야 한다. 〈규칙 18, 재정 18-1/12〉

Real story

● 오지영, 바람과 함께 사라진 볼

2009년 4월 미국LPGA투어 나비스코챔피언십 1라운드에서 선두와 1타차 2위에 나섰던 오지영이 둘째 날 강풍의 희생양이 되고 말았다. 그에게 불운이 닥친 곳은 캘리포니아주 미션힐스CC 18번홀(파5). 그 홀 그린은 워터해저드(챔피언스 레이크)로 둘러싸여 있다. 그날 최대 시속 60㎞의 거센 바람이 불었다. 세 번째 샷을 그린에 올린 오지영은 마크하고 닦은 뒤 리플레이스하고 볼 뒤로 가 퍼트라인을 살피려는 순간 볼이 바람에 밀려 구르더니 그린 앞 연못 속으로 들어가고 말았다. 볼이 움직인 것은 순전히 바람 때문이었다.

이 경우 그린에 올린 세 번째 샷이 물속으로 빠진 것으로 간주된다. 볼이 워터해저드에 빠져 칠 수 없는 상황이었으므로 오지영은 1벌타를 받고 다음 플레이를 할 수밖에 없었다. 그린에 잘 올린 샷이 바람 때문에 벌타를 초래한, 흔치 않은 상황이 연출된 것.

그런데 문제는 다음에 또 일어났다. 오지영이 1벌타 후 어디에서 다음 플레이를 해야 하느냐는 점이었다. 미국LPGA투어 경기위원 더그 브레히트는 오지영에게 "볼을 리플레이스했던 그린에 놓고 치라."라고 말했다.

오지영은 그 말을 따랐고, 결국 그 홀에서 더블보기인 7타(세 번째 샷 온그린+벌타 1타+3퍼트)를 기록했다. 그런데 그 경기위원은 3라운드 후 자신의 판정이 잘못됐다며 정정했다. 제대로 된 규칙해석이라면 오지영은 1벌타 후 ① 볼이 최후로 해저드 경계선을 넘은 지점과 홀을 연결하는 연못 후방선상에 드롭하거나 ② 연못 후방(티잉그라운드 쪽)에 설치돼 있는 드롭존에서 드롭하거나 ③ 어프로치샷을 한 지점으로 돌아가 샷을 하는 것 중 하나를 택했어야 했다.

경기위원 말대로 그린에 놓고 치는 것은 잘못된 해석인 것. 그러나 경기위원이 한번 판정했고, 그 라운드가 끝났기 때문에 오지영의 플레이와 벌타는 그대로 인정됐다. 오지영은 2, 3라운드에서 연속 6오버파를 친 끝에 첫날 2위에서 둘째 날 18위, 셋째 날 43위를 거쳐 결국 6오버파 294타로 공동 36위를 차지했다.

● 고가 미호, 국제 망신 자초한 경기위원의 오심

2008년 6월 제주 테디밸리CC에서 열린 한국여자프로골프 BC카드 클래식 2라운드 때의 일이다. 8번홀(파3) 그린에서 고가 미호(일본)가 퍼트를 하려고 리플레이스한 볼이 얼마 지나지 않아 굴러갔다. 경사나 바람 때문이었을 것이다. 이 경우 멈춘 곳에서 다음 퍼트를 해야 한다. 이 광경을 본 경기위원은 "볼을 원위치에 놓아라."라고 말했다. 잘못 판정한 것이다. 마크한 볼을 제자리에 놓은 뒤 바람에 의해 볼이 움직이면 플레이어는 볼이 멈춘 자리에서 다음 샷을 하면 된다. 원래 위치에 갖다 놓으면 인플레이 볼을 마크하지 않고 집어 올렸으므로 1벌타가 따른다. 또 그곳에서 다음 퍼트를 했다면 오소 플레이에 대한 2벌타를 받아야 한다.

● 케네스 페리, 그 선수에 그 동반자

2006년 5월 유러피언투어 닛산아이리시오픈 때의 일. 케네스 페리가 첫날 14번홀(파4) 그린에 볼을 올렸는데 볼이 바람에 저만큼 움직였다. 페리는 황급히 볼을 집어 들어 원위치에 갖다 놓았다. 때마침 동반플레이어인 이안 폴터도 그렇게 하는 것이 맞다고 조언했다.

그러나 이 경우 바람은 국외자가 아니고, 어드레스를 하기 전이었으므로 볼이 멈춘 자리에서 플레이를 했어야 옳다. 페리는 오소 플레이를 한 것이 돼 2벌타를 받았고 그 홀에서 8타를 기록하고 말았다.

● 바람이 넣은 홀인원

파3홀에서 티샷이 홀 옆 10cm 지점에 멈췄다. 볼을 마크하고 닦은 뒤 치기 위해 리플레이스를 했는데, 조금 있다가 바람이 불어 볼이 홀 속으로 굴러 들어가 버렸다.

이 경우 볼을 원위치에 갖다놓는 것이 아니라 홀인원으로 친다는 얘기다. 바람은 국외자가 아니기 때문이다.

최악의 규칙 위반 사건

골프전문 월간 〈미국 골프매거진〉이 2003년 7월호에서 선정한
'골프 역사상 가장 불명예스런 규칙 위반 사례' 아홉 가지를 요약한다.

① 로베르토 드 빈센조(1968년 마스터스토너먼트 마지막 라운드)

아르헨티나의 빈센조는 4라운드 17번홀(파4)에서 버디를 잡고도 스
코어 카드에는 파를 적어냈다. 물론 마커가 적은 것인데, 본인이 철
저히 확인하지 않고 스코어 카드를 내버린 것. 이 경우 파가 그대로
인정된다. 빈센조는 1타가 뒤져 연장전에 나가지 못했고, 결국 밥 골
비가 그린 재킷을 걸쳤다. 빈센조는 나중에 서투른 영어로 "이 얼간
이 같으니라고(What a stupid I am)."라고 말했지만 승부를 되돌릴
수는 없는 노릇이었다. 빈센조는 2009년 그의 제자격인 앙헬 카브
레라가 마스터스 우승컵을 안아 41년 묵은 한을 조금이나마 풀었다.

② 이안 우즈넘(2001년 브리티시오픈 마지막 라운드)

'작은 거인' 우즈넘은 모처럼 좋은 성적(선두)으로 최종라운드 2번
홀 티잉그라운드에 섰다. 그러나 호사다마인가. 골프백을 들여다보
니 클럽이 15개가 있는 것이 아닌가. 클럽 수가 14개를 초과했으므
로 위반한 홀 당 2벌타가 부과된다. 그나마 2번홀 티잉그라운드에서
발견한 것이 다행이라면 다행이었다. 우즈넘은 졸지에 2벌타를 받았
고, 결국 그 대회에서 3위에 머물렀다.

③ 재키 펑(1957년 US여자오픈 마지막 라운드)

펑은 최종일 한 홀의 스코어를 실제보다 낮게(좋게) 적은 스코어 카드를 냈다가 실격당했다. 대회 개최지인 미국 뉴욕주의 윙드풋 컨트리클럽 회원들은 그런 펑이 딱했던지 십시일반으로 돈을 모아 그녀를 위로했다.

④ 로이드 맨그럼(1950년 US오픈 플레이오프)

당시만 해도 플레이어는 인플레이 볼에 손댈 수 없었다. 그러나 맨그럼은 볼을 집어든 뒤 볼에 붙어 있는 벌레를 불어 떼냈다. 그에게 2벌타가 부과됐고, 우승컵도 날아간 것은 물론이다.

⑤ 크레이그 스태들러(1987년 앤디 윌리엄스오픈 3라운드)

'해마 수염'으로 유명한 스태들러가 나무 밑에서 무릎을 꿇고 샷을 하려는데 지면이 축축했다. 그래서 갖고 있던 타월을 깐 뒤 그 위에 무릎을 꿇고 샷을 했다. TV를 통해 이 장면을 본 한 시청자가 주최 측에 전화를 했고, 스태들러는 '스탠스를 개선했다'는 이유로 실격당했다. 주최 측은 스태들러에게 미안했던지, 한참 후 그 나무를 스태들러가 직접 톱질해 자르도록 선처했다.

⑥ 에드 포키 올리버(1940년 US오픈 마지막 라운드)

폭풍우가 온다는 예보가 있자, 올리버는 예정된 티오프 시각보다 이른 시각에 티샷을 날렸다. 경기위원회에서는 그에게 실격을 부과했다. 제시간에 나갔더라면 1위를 할 수 있는 성적이었기에 아쉬움은 더 컸다.

⑦ 바이런 넬슨(1946년 US오픈 3라운드)

넬슨의 캐디가 갑자기 중심을 잃고 비틀거리다가 그만 '주인'의 볼을 차고 말았다. 넬슨에게 벌타가 부과되면서 넬슨은 연장전까지 끌려갔고, 결국 연장전에서 지고 말았다.

⑧ 보비 존스(1925년 US오픈 1라운드)

'구성(球聖)' 존스는 아무도 보지 않았고, 그 자신만 느낄 수 있는 미동(微動)인데도 "어드레스 후 볼이 움직였다."라며 스스로에게 1벌타를 부과했다. 남들이 그 행동에 대해 칭찬하자 그는 "보통 시민이 은행을 털지 않았다고 칭찬하는 것과 같다."라며 손사래를 쳤다. 골프의 정수를 보여준 본보기라 할 수 있다.

⑨ 트레이 홀랜드(1994년 US오픈 마지막 라운드)

미국골프협회 경기위원이던 홀랜드는 첫 홀에서 어니 엘스가 유리하게 드롭할 수 있도록 판정을 했다. 판정이 잘못됐다는 것은 나중에 밝혀졌지만, 엘스는 그 덕분인지 연장전까지 갔고 결국 우승컵을 안았다.

그림으로 보는
13가지 특수 상황

카트도로(움직일 수 없는 인공장해물)**에서 구제**

상황 : 친 볼(A)이 카트도로에 멈추거나 카트도로와 인접해 있어서 스윙을 하거나 스탠스를 취하는 데 방해가 된다.

구제 절차 : ① '가장 가까운 구제 지점'(구제 기점)을 정한다. 구제 기점은 볼에서 가깝고, 홀에 근접하지 않으며, 카트도로를 피한 지점이다. 그림에서는 오른손잡이의 경우 B, 왼손잡이의 경우 C가 된다. ② 구제 기점으로부터 홀에 가깝지 않은 곳으로 한 클럽 길이 내(빗금 친 부분)에 드롭한다.

※ 참고 : 그림에 나오는 발자국은 '구제 기점'을 정할 때 취하는 스탠스를 나타낸다.

2 지주목(움직일 수 없는 인공장해물)에서 구제

상황 : 친 볼(A)이 살아 있는 나무를 지탱해주는 지주목 아래 멈추거나 지주목과 인접해 있어서 스윙을 하거나 스탠스를 취하는 데 방해가 된다.

구제 절차 : ① '가장 가까운 구제 지점'(구제 기점)을 정한다. 구제 기점은 볼에서 가깝고, 홀에 근접하지 않으며, 지주목의 방해를 피한 지점이다. 그림에서는 오른손잡이의 경우 B가 구제 기점이 된다. ② 구제 기점으로부터 홀에 가깝지 않은 곳으로 한 클럽 길이 내(빗금 친 부분)에 드롭한다.

3 배수구·스프링클러 _(움직일 수 없는 인공장해물)에서 구제

구제 기점

B · A · C

D

구제 기점

상황 : 친 볼(A)이 배수구(또는 스프링클러)에 멈추거나 배수구와 인접해 있어서 스윙을 하거나 스탠스를 취하는 데 방해가 된다.

구제 절차 : ① '가장 가까운 구제 지점'(구제 기점)을 정한다. 구제 기점은 볼에서 가깝고, 홀에 근접하지 않으며, 배수구를 피한 지점이다. 그림에서는 오른손잡이의 경우라면 B, 왼손잡이의 경우는 C가 아니라 D가 된다. 왜냐하면 원래 볼 위치 A에서 가까운 쪽이 D이기 때문이다. ② 구제 기점으로부터 홀에 가깝지 않은 곳으로 한 클럽 길이 내(빗금 친 부분)에 드롭한다.

4 수리지에서 구제

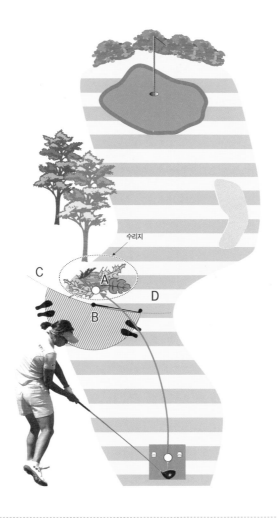

수리지

C

A

D

B

상황 : 친 볼(A)이 수리지에 멈추거나 수리지와 인접해 있어서 스윙을 하거나 스탠스를 취하는 데 방해가 된다.

구제 절차 : ① '가장 가까운 구제 지점'(구제 기점)을 정한다. 구제 기점은 볼에서 가깝고, 홀에 근접하지 않으며, 수리지를 피한 지점이다. 그림에서는 오른손잡이나 왼손잡이나 모두 C나 D가 아닌, B가 구제 기점이 될 것이다. ② 구제 기점으로부터 홀에 가깝지 않은 곳으로 한 클럽 길이 내(빗금 친 부분)에 드롭한다.

5 다른 퍼팅 그린에서 구제

상황 : 친 볼(A, C)이 다른 퍼팅 그린에 있을 때에는 다른 퍼팅 그린에 의해 방해가 생긴 것으로 한다. 그 상태에서 플레이하면 안 된다.

구제 절차 : ① '가장 가까운 구제 지점'(구제 기점)을 정한다. 구제 기점은 볼에서 가깝고, 홀에 근접하지 않으며, 다른 퍼팅 그린을 벗어난 지점이다. 그림은 오른손잡이를 기준으로 예시한 두 가지 상황이다. 볼이 A에 멈출 경우 구제 기점은 B가 되고 그로부터 홀에 가깝지 않게 한 클럽 길이 내(빗금 친 부분)에 드롭한다. 볼이 C에 멈출 경우는 구제 기점은 D가 되고 그로부터 홀에 가깝지 않은 곳으로 한 클럽 길이 내(빗금 친 부분)에 드롭한다. 점선은 원래 볼이 멈춘 곳~홀의 등거리선이다.

※ 주의 : 다른 퍼팅 그린에서는 구제 기점을 정할 때 스탠스를 취해 볼 필요가 없다. 스탠스는 그린에 걸쳐도 상관없다고 정의돼 있기 때문이다. 장해물이나 수리지에서 구제받을 때 스탠스를 취해 본 뒤 구제 기점을 정하는 것과는 다르다. 따라서 드롭 후 스탠스가 다른 퍼팅 그린에 걸려도 그대로 플레이를 속개해야 한다.

6 워터해저드에서 구제 1

상황 : 친 볼(A)이 짧아 워터해저드(노란 말뚝) 가운데에 떨어졌다.

구제 절차 : ① 1벌타 후 종전 쳤던 지점(T)에서 다시 친다. ② 1벌타 후 볼이 해저드 경계선을 최후로 넘은 지점(B)과 홀을 연결하는 해저드 후방선상(C, D, E 중 어느 곳이라도 상관없음)에 드롭한다.

※ 주의 : 해저드를 건너 그린 쪽에 드롭할 수 없음.

7 워터해저드에서 구제 2

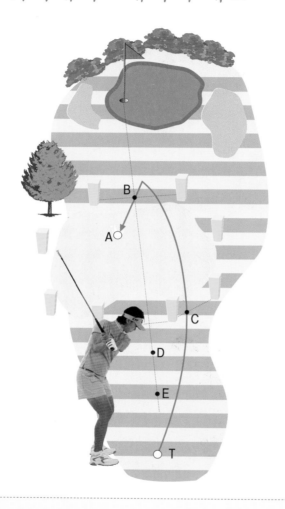

상황 : 친 볼(A)이 워터해저드(노란 말뚝)를 가까스로 건넜으나 경사를 타고 굴러 내려와 해저드에 빠졌다.

구제 절차 : ① 1벌타 후 종전 쳤던 지점(T)에서 다시 친다. ② 1벌타 후 볼이 해저드 경계선을 최후로 넘은 지점(B)과 홀을 연결하는 해저드 후방선상(D, E 중 어느 곳이라도 상관없음)에 드롭한다.

※ 주의 : 볼이 해저드 경계선을 최후로 넘은 지점은 C가 아니라 B임. 또 볼 첫 낙하지점이 해저드 너머라도 이 경우 역시 해저드 후방(티잉그라운드 쪽)에 드롭해야 함.

8 래터럴 워터해저드에서 구제 1

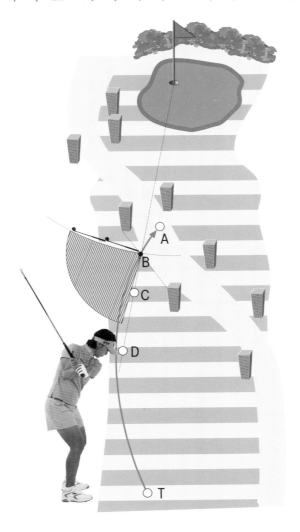

상황 : 친 볼(A)이 짧아 래터럴 워터해저드(빨간 말뚝) 가운데에 떨어졌다.

구제 절차 : ① 1벌타 후 종전 쳤던 지점(T)에서 다시 친다. ② 1벌타 후 볼이 해저드 경계선을 최후로 넘은 지점(B)과 홀을 연결하는 해저드 후방선상(C, D 중 어느 곳이라도 상관없음)에 드롭한다. ③ 1벌타 후 볼이 해저드 경계선을 최후로 넘은 지점(B)에서 홀에 가깝지 않은 곳으로 두 클럽 길이 내(빗금 친 부분)에 드롭한다.

9 래터럴 워터해저드에서 구제 2

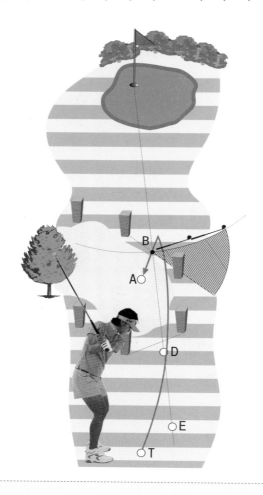

상황 : 친 볼(A)이 래터럴 워터해저드(빨간 말뚝)를 간신히 넘었으나 낙하 후 경사를 타고 뒤로 굴러 해저드에 빠졌다.

구제 절차 : ① 1벌타 후 종전 쳤던 지점(T)에서 다시 친다. ② 1벌타 후 볼이 해저드 경계선을 최후로 넘은 지점(B)과 홀을 연결하는 해저드 후방선상(D, E 중 어느 곳이라도 상관없음)에 드롭한다. ③ 1벌타 후 볼이 해저드 경계선을 최후로 넘은 지점(B)에서 홀에 가깝지 않은 곳으로 두 클럽 길이 내(빗금 친 부분)에 드롭한다.

※ 주의 : 이 경우는 해저드 건너편(그린 쪽)에 드롭할 수 있으므로 B 주변에 드롭할 수 있는 조건에 맞는 지역이 있는지 잘 살필 것.

10 래터럴 워터해저드에서 구제 3

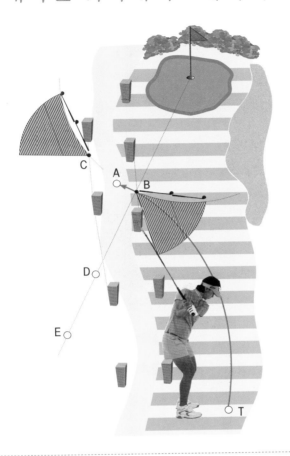

상황 : 친 볼(A)이 코스 옆을 흐르는 개울(빨간 말뚝으로 표시된 래터럴 워터해저드)에 빠졌다.

구제 절차 : ① 1벌타 후 종전 쳤던 지점(T)에서 다시 친다. ② 1벌타 후 볼이 해저드 경계선을 최후로 넘은 지점(B)과 홀을 연결하는 해저드 후방선상(D, E 중 어느 곳이라도 상관없음)에 드롭한다. ③ 1벌타 후 볼이 해저드 경계선을 최후로 넘은 지점(B)에서 홀에 가깝지 않은 곳으로 두 클럽 길이 내(빗금 친 부분)에 드롭한다. ④ 1벌타 후 볼이 해저드 경계선을 최후로 넘은 지점(B)과 홀에서 같은 거리에 있는 해저드 건너편의 한 계상 지점(C)에서 두 클럽 길이 내에 드롭한다.

※ 참고 : 이 경우 옵션 ④는 잘 선택되지 않는다. 조건에 맞는 드롭 구역이 있을 경우 옵션 ③을 택하는 것이 시간도 절약하고 그린과 가까워 유리하다.

11 언플레이어블 볼 처리

상황 : 친 볼(A)이 큰 나무 줄기 뒤에 멈췄다. 나무가 방해가 돼 스윙을 할 수 없어서 언플레이어블 볼 처리를 해야 할 판이다.

처리 절차 : ① 1벌타 후 직전 쳤던 지점(T)에서 플레이한다. ② 볼이 있던 지점(A)과 홀을 연결하는 볼 후방선상(A~B, 거리 제한 없음)에 드롭한다. ③ 볼이 있던 지점(A)으로부터 두 클럽 길이 내 지점으로서 홀에 가깝지 않은 곳(빗금 친 부분)에 드롭한다.

※ 주의 : 언플레이어블 볼 처리 때에는 동반플레이어나 마커에게 선언하지 않아도 된다. 또 '구제 기점'이 아니라, '볼이 있던 곳'을 기준으로 두 클럽 길이 내 지점에 드롭한다는 사실에 유의하자. 따라서 드롭한 볼이 또다시 플레이를 할 수 없는 지점에 멈추지 않도록 주위를 잘 살핀 뒤 드롭해야 한다.

12 워터해저드 경계는 어디인가

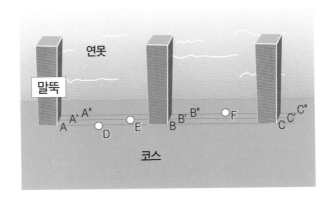

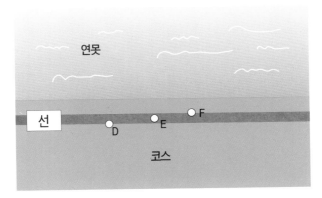

정의 : 워터해저드를 표시하는 말뚝이나 선 자체도 워터해저드다. 노란색으로 된 워터해저드든, 빨간색으로 된 래터럴 워터해저드든 마찬가지다. 볼의 일부라도 워터해저드에 접촉하고 있으면 그 볼은 워터해저드 안에 있는 볼이다.

경계 : 그림에서 워터해저드 경계선은 A-B-C를 연결하는 선이다. A′-B′-C′나 A″-B″-C″는 해저드 한계 안에 있으므로 해저드 내 지역이다.

상황 : 따라서 D, E, F 볼은 워터해저드 안에 있는 것이 된다. D의 경우 경계선에 걸려 있으나 그 선 자체도 워터해저드이므로 워터해저드에 들어간 볼이 된다.

13 OB의 경계는 어디인가

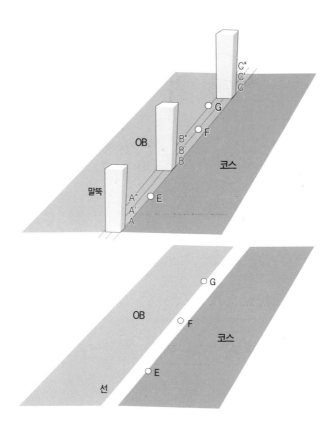

정의 : OB는 그것을 표시하는 말뚝(선) 중 코스와 가까운 쪽이 기준이 된다. 단, 볼 전체가 OB에 있을 경우만 OB가 된다.

경계 : 그림에서 OB 경계선은 A–B–C를 연결하는 선이다. A′–B′–C′나 A″–B″–C″는 OB 한계 안에 있으므로 OB다.

상황 : 정의에 의해 일부가 경계선에 걸쳐 있는 E 볼은 OB가 아니다. 볼 전체가 OB 경계선을 지난 F, G 볼만 OB다.

※ 주의 : 워터해저드는 볼이 일부라도 경계선에 걸쳐 있으면 워터해저드에 들어간 것으로 간주되나, OB는 볼이 일부라도 경계선에 걸쳐 있으면 OB가 아니라 인플레이 볼인 점이 다르다.

4장

페어웨이,
러프에서의
골프규칙

One Point 34

한 스트로크에 볼이
클럽헤드에 두 번 맞으면 1벌타

깊은 러프에서 샷을 하거나 벙커샷을 할 때, 그린을 갓 벗어난 지점에서 퍼터로 치거나 그린에서 짧은 내리막 퍼트를 할 때 한 스트로크에 클럽헤드가 볼을 두 번 이상 맞힐 경우가 있다. 흔히 '투 터치'라고 하는 상황이다. 이 경우 플레이어는 그 스트로크를 1타로 하고 1벌타를 추가하여 합계 2타로 해야 한다. 예컨대 파4홀에서 두 번째 샷이 그린사이드 러프에 빠졌다. 세 번째 샷을 하다가 그만 볼이 클럽헤드에 두 번 맞았다.

이 경우 1벌타를 더해 4타째를 한 것이 되고, 다음 샷은 5타째가 된다. 투 터치를 할 경우 1벌타가 가산되지만, 볼은 멈춘 자리에서 치면 된다. 또 한 스트로크에 세 번, 네 번 클럽헤드가 볼을 친 경우에도 두 번 칠 때처럼 1벌타만 가산된다. 한 스트로크에 두 번 이상 치는 일은 아마추어뿐 아니라 프로들한테서도 가끔 발견된다. 〈규칙 14-4〉

● 장정, 난 두 번 안 쳤는데…

2006년 7월 US여자오픈 3라운드 18번홀. 장정이 깊은 러프에서 웨지샷을 했는데, 어쩐지 느낌이 이상했다. 동반플레이어가 '투 터치'를 한 듯하다고 말했다. 장정 본인은 아니라고 우겼다. 결국 경기위원에게 갔고, 위원회에서는 장정이 스코어 카드를 내기 전에 녹화 테이프를 돌려 보았다. 위원회에서는 장정이 투 터치를 한 것으로 인정, 1벌타를 부과했다. 그 탓인지, 장정은 4라운드에서 9오버파 80타로 부진, 공동 28위에 머무르고 말았다.

● 헨릭 스텐손, 톱랭커도 투 터치를

2007년 유러피언투어 도이체방크 플레이어스챔피언십 2라운드에서 발생한 일. 당시 남자골프 세계랭킹 9위였던 헨릭 스텐손(스웨덴)은 스코어 카드란의 17번홀(파5) 스코어를 공백으로 제출해 실격당했다. 그 홀에서 무슨 일이 일어난 것이 틀림없었다. 스텐손은 그 홀에서 '투 터치'를 한데다 그린에서 한 퍼트 수도 제대로 기억하지 못할 정도로 엉망진창의 스코어를 기록하고 말았다. 그래서 자포자기한 나머지 스코어를 계산하지 않고 스코어 카드를 공란으로 제출한 것. 세계 톱랭커도 투 터치를 할 수 있음을 보여주는 사례다. 2006년 미국PGA투어 플레이어스챔피언십 1라운드 9번홀(파5)

에서 D. J 트라한이 깊은 러프에서 칩샷을 하다가 투 터치를 한 적이 있다.

● 톰 레이먼, 어쩐지 소리가 이상하더라

2006년 USPGA챔피언십 1라운드 15번홀(파4)에서 일. 라이더컵 미국 팀 단장까지 지낸 베테랑 톰 레이먼이 그린 주변 러프에서 웨지로 칩샷을 했는데 볼은 조금 전진하는 데 그쳤다. 임팩트 소리도 평소와 달리 이상했다. 동반플레이어에게 얘기한 뒤 나중에 녹화 테이프를 본 결과 '투 터치'로 확인돼 1벌타를 받았다.

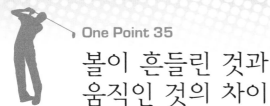

One Point 35

볼이 흔들린 것과
움직인 것의 차이

볼이 흔들린 것과 움직인 것은 1타 차이를 가져올 수 있으므로 잘 구분해야 한다. '흔들리는 것'은 球 형태의 볼이 원위치를 벗어나지 않고 그 자리에서 흔들흔들거린 것을 뜻한다. '움직이는 것'은 원위치를 벗어나 이동한 것을 뜻한다.

따라서 볼이 저절로 흔들리거나 어드레스 중 클럽헤드에 닿아 흔들렸다면 벌타가 가해지지 않는다. 그러나 볼이 움직일 경우엔 그때그때 상황에 따라 처리절차가 달라진다.

어드레스 전이라면 상관없지만, 어드레스 후라면 1벌타가 가해지고 볼을 제자리에 갖다 놓아야 한다. 또 플레이어가 자신의 볼을 움직이면 1벌타가 가해진다. 따라서 인플레이 볼의 경우 볼을 움직이거나 움직일 만한 행동을 해서는 안 된다. 〈규칙 18〉

● 송보배, 흔들린 것이므로 괜찮아

2006년 5월 한국여자프로골프 레이크사이드여자오픈 3라운드 16번홀(파4)에서 일. 송보배가 그린 프린지에서 세 번째 샷을 하기 위해 어드레스하는 순간 클럽헤드가 볼에 닿았다. 그 순간 볼이 흔들린 것 같기도 했고 움직인 것 같기도 했다. 결국 경기위원이 와서 상황을 들은 뒤 '볼이 움직인 것이 아니라 흔들린 것에 그쳤기 때문에 상관없다'는 판정을 내렸다.

● 스콧 버플랭크, 안 움직였다니까

스콧 버플랭크는 미국PGA투어 2008시즌 개막전인 메르세데스챔피언십 1라운드 13번홀에서 황당한 일을 겪었다. 어드레스 후 볼이 움직인 사실을 동반플레이어가 발견해 신고한 것. 버플랭크 본인은 "움직이지 않았다."라며 불복했으나, 결국 동반자의 항의가 받아들여져 1벌타를 받고 말았다. 그런가 하면 그해 마스터스에 출전한 아마추어 골퍼 마이클 톰슨은 버디퍼트를 앞두고 볼이 움직인 것을 보고 스스로 1벌타를 부과해 대조를 이뤘다.

● 강경남과 강경술, 비양심의 결과는?

2008년 11월 한국프로골프 동부화재 프로미배 매치플레이챔피언십 결승에서 황당한 일이 벌어졌다. 결승 상대는 강경남과 강경술이었다. 에덴밸리CC 2번홀(파5)에서 강경술이 세 번째 샷을 홀 옆 30cm에 붙였다. 강경남이 뭐라고 한 것 같아 강경술은 '컨시드'를 준 것으로 간주하고 볼을 집어 들었다.

그런데 강경남이 갑자기 "컨시드를 주지 않았다."라고 말하는 것이 아닌가. 결국 강경술은 인플레이 볼을 움직인 것으로 돼 1벌타를 받고 그 홀에서 파에 그치고 말았다. 일부 갤러리들은 강경남을 향해 '비양

심적'이라며 야유를 했다. 그 대회 우승자는 강경술이었다.

● 박세리, 인플레이볼 손댈 때는 다시 한번 생각하라

박세리는 2007년 10월 마우나오션CC에서 열린 미국LPGA투어 하나은행·코오롱챔피언십 1라운드 17번홀(파4)에서 1벌타를 받았다. 경기위원회는 그날 날씨가 궂어 페어웨이에 떨어진 볼에 한해 '집어 올려 닦은 뒤 놓을 수 있다(lift, clean & place)'는 로컬룰을 적용했다. 박세리는 그런데 러프에서도 그 로컬룰이 적용되는 줄 알고 러프에 있는 볼을 무단히 집어 올렸다가 1벌타를 받은 것. 인플레이 볼에 손댈 때에는 다시 한번 규칙을 확인해야 한다.

장해물로부터 구제를
받았는데 또 다른 장해물이
방해가 되는 경우

움직일 수 없는 장해물로부터 구제를 받은 플레이어가 볼을 드롭했는데, 그곳에서 또 다른 움직일 수 없는 장해물이 그의 스윙에 방해가 됐다. 이런 경우 플레이어는 또 다른 장해물로부터 구제를 받을 수 있다. 예컨대 볼이 카트도로에 멈춰 구제받고 드롭했는데, 이번에는 배수구가 방해가 된 경우다. 이 경우 배수구로부터 또다시 구제절차를 밟으면 된다는 얘기다. 〈규칙 20-2b, 재정 24-2b/9〉

Real story

● 동일 장해물이면 재드롭

골퍼 A씨가 친 티샷이 페어웨이 상의 캐주얼 워터에 빠졌다. 당연히 구제를 받고 드롭했다. 볼은 캐주얼 워터 밖에 멈췄는데, 샷을 하려고 스탠스를 취해 보니 이번에는 발이 캐주얼 워터에 걸렸다. 이 경우 처음과 같은 상태를 벗어나지 못했으므로 반드시 재드롭해야 한다. 발이 캐주얼 워터에 걸리지만, 볼의 라이가 치기 좋은 상태라고 하여 그냥 치면 2벌타가 따른다. 그 반면 캐주얼 워터에서 구제받고 드롭한 볼이 배구수 옆에 멈춰 치는 데 방해가 될 경우엔 또다시 구제받고 드롭할 수도 있고, 라이가 좋을 경우 구제받지 않고 그냥 쳐도 상관없다.

● 카트도로에 드롭한 비제이 싱, 왜?

2004년 7월 미국PGA투어 존디어클래식에서 이런 일이 있었다. 주인공은 비제이 싱이다. '디펜딩 챔피언' 싱은 3라운드 4번홀(파4)에서 티샷이 왼편 래터럴 워터해저드에 빠졌다. 칠 수 없었으므로 1벌타 후 드롭을 해야 할 상황. 대부분 선수들 같았으면 이 경우 볼이 개울로 들어간 지점으로부터 홀에 가깝지 않은 곳으로 두 클럽 길이 내의 러프에 드롭했을 것이다. 그러나 싱은 러프 대신 그 옆에 나 있는 카트도로를 택했다. 콘크리트로 된 카트도로에서 샷을 한다는 것은 상상 밖의 일이었지만 싱은 두 클럽 길이 내의 드롭지점을 카트도로로 정했다. 러프가 너무 깊었기 때문에 러프에 드롭하고 치는 것보다 차라리 카트도로에서 치는 것이 낫다고 판단한 것이다. 싱은 그런 뒤 세 번째 샷을 깨끗이 걷어 올려 그린에 떨어뜨렸고, 3m 거리의 파 퍼트를 성공했다. 기막힌 전략과 톱랭커다운 파세이브에 갤러리들이 큰 박수를 보냈음은 물론이다. 골프는 상상력·창의력의 게임이라고 하지 않은가. 이 경우 홀에 가깝지 않은 두 클럽 길이 내라면, 러프든 카트도로든 어느 곳을 드롭장소로 택해도 상관없다.

One Point 37

카트도로나 수리지에 있는 볼

볼이 카트도로나 수리지 등지에 멈췄다. 규칙상으로는 구제받아 드롭하고 칠 수 있으나 라이나 스탠스가 괜찮아 그냥 치고 싶다. 어떻게 해야 하는가. 얼마든지 그냥 칠 수 있다. 물론 벌타도 없다. 단, 치다가 부상을 당하거나 클럽이 손상될 경우 그 책임은 플레이어가 져야 한다. 또 로컬룰로써 특정 지역에 볼이 떨어질 경우 '드롭해야 한다'라고 규정돼 있을 땐 로컬룰을 따라야 한다. 〈규칙 24-2, 25-1〉

Real story

● 미셸 위, 풍부한 상상력도 인기 비결

미셸 위는 2006년 미국LPGA투어 삼성월드챔피언십에서 세 번이나 카트도로 위에서 샷을 강행했다. 1라운드에서 두 번이나 했던 카트도로 위 샷을 3라운드 14번홀(파4)에서 또 한 번 선보였다. 미셸 위의 드라이버샷이 페어웨이 오른편 카트도로 오른쪽 끝자락에 멈췄다. 그런데 카트도로(움직일 수 없는 인공장해물)에서 구제받으려면 도로 오른쪽에 '니어리스트 포인트'를 정하고 드롭해야 하는데, 그곳은 벙커나 다름없는 경사진 모래밭이었다. 미셸 위는 카트도로에서 샷을 하는 옵션을 택했다. 홀까지 124야드를 보고 친 9번 아이언샷은 제대로 맞지 않아 그린 왼편 벙커에 빠졌으나 그는 약 20m 거리의 벙커샷을 곧바로 홀 속에 집어넣었다. 파4홀에서 두 번이나 샷을 잘못하고도 버디를 잡은 것.

● 타이거 우즈, 카트도로에서 날린 스커드 미사일샷

최경주가 프레지던츠컵에 처음 출전한 2003년 11월 남아공 조지의 팬코트CC. 대회 3일째 경기에서 미국 팀의 타이거 우즈는 찰스 하웰 3세와 짝을 이뤄 인터내셔널 팀의 비제이 싱-레티프 구센 조와 대결을 벌였다. 16번홀(파5)에서 우즈의 티샷이 페어웨이 왼편 카트도로에 멈췄다. 웬만하면 드롭을 해야 할 터이지만, 카트도로 양측은 경사지인 데다 러프도 깊어 드롭할 장소가 마땅치 않았다. 우즈는 그래서 그대로 치기로 했다. 카트도로에서 친 2번 아이언샷은 스커드 미사일처럼 낮게 날아가더니 그린을 살짝 지나서 프린지에 멈췄다. 여기저기에서 환호성이 나왔음은 물론이다.

● 타이거 우즈, 라이 좋다면 카트도로에 스탠스

또 우즈 얘기다. 2009년 7월 미국 메릴랜드주 베데스다의 콩그레셔널CC에서 열린 미국PGA투어 AT&T내셔널 1라운드 때의 일. 첫날 16번홀(파5)에서 두 번째 샷이 러프에 빠졌는데, 라이는 괜찮은 편이었다. 그러나 스탠스는 러프 옆 카트도로에 취해야 할 판이었다. 이 경우 스탠스를 취하는 데 카트도로가 걸리므로 니어리스트 포인트를 정한 뒤 드롭하고 칠 수 있으나, 우즈는 카트도로에 발을 대고 칩샷을 한 끝에 버디를 잡았다. 드롭을 하면 볼 자체의 무게로 인해 라이가 더 나빠질 수도 있었기에, 우즈는 드롭하지 않고 곧바로 샷을 한 것으로 보인다. 혹 자신은 볼이 카트도로 부근에 떨어지면 다음 샷 라이를 생각하지 않고 무조건 드롭할 궁리만 하는 골퍼는 아닌가?

One Point 38

친 볼이 방공 시설물이나
전깃줄, 애드벌룬 등에
맞고 굴절될 경우

친 볼이 방공 시설물이나 전깃줄(동력선), 전봇대, 라이트 기둥, 애드벌룬 등을 맞고 굴절될 경우 흔치 않으나 가끔 볼 수 있는 일이다. 이 경우 로컬룰이 없는 한 억울하지만 볼이 멈춘 자리에서 다음 플레이를 속개하는 수밖에 없다. 친 볼이 라이트 시설 기둥을 맞고 OB 지역에 떨어졌다면 OB가 되는 것이다. 단, 제일 · 코리아 · 파인크리크 CC처럼 볼의 비구선에 전깃줄이 있고 볼이 전깃줄에 맞을 경우, 로컬룰로써 친 볼을 취소하고 다시 치게 할 수 있다. 〈규칙 13-1〉

● 조철상, "난 억울해!"

2007년 10월 레이크사이드CC 남코스에서 열린 신한동해오픈 1라운드 때 좀처럼 보기 드문 일이 발생했다. 조철상이 17번홀(파4·길이 490야드)에서 세컨드샷을 한 볼이 10번홀과 17번홀 사이 워터해저드 상공에 설치된 애드벌룬에 맞고 물속에 빠져버린 것. 조철상은 경기위원을 불러 "어떻게 해야 하느냐. 다시 칠 수 없느냐?"라고 했으나 "워터해저드 처리를 해야 한다."라는 대답을 들었다. 조철상은 그 홀에서 '트리플 보기'를 하고 말았다. 그 대회에서는 애드벌룬에 대해서는 구제 여부가 명시되지 않았다. 애드벌룬이 높이 설치된 데다 볼이 애드벌룬을 맞힌 사례가 없었기 때문. 17번홀은 그 대회를 위해 티잉그라운드를 뒤로 60야드나 빼 길이를 크게 늘렸다. 그런 데다 왼쪽 그린을 쓰다 보니 대부분 선수들은 세컨드샷을 해저드를 가로질러 쳐야 한다. 친 볼이 애드벌룬을 맞힐 가능성이 있었던 것. 조철상도 홀까지 230야드 정도를 남기고 해저드를 가로질러 스푼 세컨드샷을 했고 그것이 애드벌룬 아래를 맞힌 것이다. 로컬룰에 구체적으로 명시되지 않았기 때문에 조철상은 경기위원의 판정대로 워터해저드 처리를 할 수밖에 없었다. 코스가 길어지면서 그린공략 각도가 달라졌다면, 경기위원회에서는 당연히 볼이 애드벌룬을 맞힐 수도 있다는 것을 상정하고 로컬룰을 정해야 하지 않았을까. 위원회의 무성의로 조철상만 억울하게 된 케이스였다.

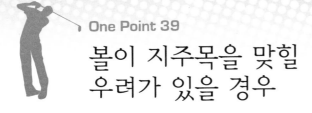

볼이 지주목을 맞힐
우려가 있을 경우

지주목은 '움직일 수 없는 인공장해물'이다. 따라서 그것이 스윙을 하거나 스탠스를 취하는 데 방해가 되면 당연히 구제를 받는다. 그런데 이 경우처럼 지주목이 스윙을 하거나 스탠스를 취하는 데 방해되지 않지만, 플레이선에 개재돼 있을 경우가 있다. 이때는 어쩔 수 없다. 구제받지 못한다. 그냥 그대로 쳐야 한다는 말이다. 〈규칙 13-1, 24-2〉

● 그레그 노먼, 한국골프를 무시하다

1995년 제주 중문CC에서 조니워커 스킨스게임이 열렸다. 출전 선수는 그레그 노먼, 비제이 싱, 데이비드 프로스트, 박남신으로 기억한다. 한 홀에서 노먼의 볼이 지주목으로부터 3m 정도 뒤에 멈췄다. 지주목이 스윙에 방해가 되지 않으나 플레이선에 있었던 것. 노먼은 이 학 경기위원장을 불러 "구제받을 수 있는가?"라고 물었다. 당연히 이 위원장은 "구제받지 못한다."라고 말했다. 노먼은 화가 났던지, 어드레스도 취하지 않은 채 곧바로 그린을 향해 샷을 해버리는 촌극이 있었다. 노먼은 화가 안 풀렸던지, 이번에는 이 위원장의 지식을 시험하는 질문을 했다. "그린에서 한 손으로 깃대를 잡은 상태에서 다른 한 손으로 퍼트를 하면 벌타요, 아니요?"라고. 이 위원장은 "그렇게 할 수는 있지만, 만약 퍼트한 볼이 깃대에 맞으면 2벌타다."라고 정확히 말해주었다. 노먼이 당시만 해도 '골프 변방'이었던 한국의 작달막한 경기위원장을 얕보았다가 머쓱해진 케이스였다. 한편 그런 노먼이 요즘엔 한국 골프코스를 설계해 돈을 벌어가고 있다.

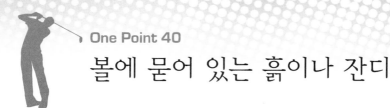

볼에 묻어 있는 흙이나 잔디

비가 오거나 페어웨이가 축축한 골프장에서 흔히 볼 수 있다. 그러나 정당한 절차에 의해 집어 올린 경우를 제외하고는 스루 더 그린에서는 볼에 달라붙어 있는 흙이나 잔디를 떼어 낼 수 없다. 떼어 내려다가 볼을 움직이면 1벌타가 가해진다. 아마추어들의 친선라운드에서는 "흙 좀 닦고 칠게."라는 말이 통용될 수 있지만, 공식대회에서는 그대로 쳐야 한다. 그래서 프로들은 그럴 경우 흙이 볼 왼쪽에 묻어 있는지 오른쪽에 묻어 있는지에 따라, 볼이 어느 방향으로 굽어질지를 예상하고 볼을 친다. 단, 공식대회라도 코스 컨디션이 아주 좋지 않을 경우 경기위원회에서 '볼을 집어 올려 닦은 뒤 놓고 치는(lift, clean & place)' 로컬룰을 정할 수 있다. 가끔 대회를 보면 선수들이 페어웨이에 떨어진 볼을 무단히 집어 올려 닦은 뒤 살짝 놓고 치는 것은 그런 로컬룰 때문이다. 〈규칙 18-2a〉

● "노 터치!"

한 골퍼가 마지막 홀에 다다랐다. 그 홀에서 버디를 잡으면 생애 처음 79타를 칠 판이었다. 어프로치샷은 짧았다. 볼은 비로 물렁해진 지면을 굴러가다가 그린 조금 못 미친 프린지에 멈췄다. 그 골퍼는 퍼터로 처리할 생각이었는데 볼에 묻어 있는 흙이 눈에 거슬렸다. 그 흙 때문에 볼이 제대로 굴러갈 것 같지 않았던 것. 그는 볼을 집어 들어 묻어 있는 흙을 닦은 뒤 놓고 퍼터로 쳤는데 볼은 홀 속으로 사라졌다. 그는 버디를 잡았다고 좋아했으나 동반자는 '버디가 아니라 파'라고 주장했다. 누가 맞는 것일까. 동반자가 맞다. 그린 밖에서 인플레이 볼을 집어 들었으므로 1벌타가 가해지기 때문이다. 따라서 그날 그의 스코어도 80타가 된다.

One Point 41

볼을 닦을 수 있는 경우

　규칙에 의거해 볼을 집어 올렸을 경우 닦을 수 있다. 언플레이어블 볼을 하거나 장해물로부터 구제받을 때, 볼이 워터해저드에 빠진 뒤 1벌타 후 드롭할 때, 볼이 페어웨이에 박혔을 때, 볼이 그린에 올랐을 때 등이 그런 예다.

　그러나 다음 세 가지 경우에는 볼을 닦을 수 없다. 닦으면 1벌타가 따른다. 그것은 ① 볼이 경기하는 데 적합한지 여부를 결정하기 위해 집어 올렸을 때 ② 볼을 확인하기 위해 집어 올렸을 때(확인에 필요한 한도까지만 닦을 수 있음) ③ 다른 플레이어의 경기에 방해가 되거나 도움이 되어 집어 올렸을 때 등이다. 이처럼 볼을 닦을 수 없는 경우인데도 한 선수는 벌타를 받고, 다른 한 선수는 무벌타로 지나간 케이스가 있다. 〈규칙 21〉

● 강경남, 호주머니에 볼 넣어 벌타받다

2002년 4월 레이크사이드CC 남코스에서 열린 아시안투어 SK텔레콤오픈 때의 일이다. 당시 신인이던 강경남은 외국 선수와 라운드를 했는데 그린 프린지에 있는 자신의 볼이 외국 선수가 볼을 치는 데 방해가 됐다. 외국 선수는 마크를 요구했고, 강경남은 볼을 마크하고 집어 든 뒤 무심결에 그 볼을 바지 주머니에 넣었다. 외국 선수는 샷을 하려다 말고 강경남에게 페널티임을 알렸고, 당시 아시안투어 경기위원이던 L씨가 달려와 강경남에게 1벌타를 부과했다.

● 김경태, 호주머니에 볼 넣고도 벌타 안 받다

2007년 10월 우정힐스CC에서 열린 한국오픈 때의 일이다. 16번홀(파3)에서 김경태와 양용은의 볼이 그린 옆 벙커에 나란히 떨어졌다. 양용은이 샷을 하면 김경태 볼의 라이가 변경될 수 있었기 때문에 김경태는 자신의 볼을 마크하고 집어 들었다. 이 경우 집어 올린 볼을 닦을 수 없다. 볼을 집어 든 채 보이지 않게 뒷짐을 지거나 캐디에게 던지거나 하는 등, 볼을 닦을 수 있다고 의심이 들 만한 행동이라도 하면 클레임이 걸리는 것이 다반사다. 그래서 최경주, 박지은, 허석호 등 해외에서 활동하는 한국 골퍼들은 이 경우 볼을 두 손가락(엄지와 인지)으로 조심스럽게 든 뒤 멀찍이 떨어진 곳에 놓았다가 동반자가 샷을 마치면 살며시 들어 리플레이스한다. '볼을 닦았다'는 오해를 받지 않기 위해서다. 볼을 닦으면 1벌타가 부과되는 까닭이다. 김경태는 볼을 집어 든 뒤 호주머니에 집어넣었다. 모래가 묻은 볼을 호주머니에 집어넣은 것은 뒷짐을 지거나 캐디에게 던지는 일 못지않게 볼을 닦았다는 클레임을 받기에 충분한 행동. 그러나 경기위원회에서는 '김경태가 볼을 닦으려는 의도가 없었기 때문에 벌타 없음'이라는 결론을 내렸다.

친 볼이 지면에 박힌 경우

　스루 더 그린의 잔디를 짧게 깎은 구역에서 볼이 자체의 힘으로 지면에 만든 자국(피치 마크)에 박힌 경우 그 볼은 벌 없이 집어 올려서 닦을 수 있다. 그 다음, 홀에 더 가깝지 않고 볼이 놓여 있던 지점에 되도록 가까운 곳에 드롭할 수 있다. 요컨대 볼이 자체의 충격으로 생긴 자국에 박힐 경우 잔디가 짧은 지역에서는 구제받는다는 말이다. '잔디를 짧게 깎은 구역'이란 러프를 지나는 통로를 포함하여 페어웨이 잔디 높이나 그 이하로 깎은 코스의 모든 구역을 의미한다. 따라서 원칙적으로 페어웨이가 아닌 러프에 볼이 박히면 구제받을 수 없다고 보면 된다. 풀로 덮인 둑이나 벙커의 측벽에 볼이 박힐 수 있다. 그러나 그런 곳이라도 잔디가 페어웨이 높이나 그 이하로 깎여 있지 않는 한 구제를 받을 수 없다. 단, 미국골프협회(USGA), 대한골프협회(KGA), 한국프로골프협회(KPGA), 한국여자프로골프협회(KLPGA)에서는 비가 오거나 코스가 축축할 때에는 페어웨이·러프 구분 없이 스루 더 그린에서 박힌 볼은 모두 구제받을 수 있도록 로컬룰을 두기도 한다.

〈규칙 25-2, 재정 25-2/1, 5〉

⚫ 이안 폴터, 큰 선수 앞에서 작아지는 경기위원

2008년 10월 한국오픈 2라운드 때의 일. 초청선수 이안 폴터(영국) 가 우정힐스CC 18번홀(파5)에서 친 세컨드샷이 그린 앞 벙커 측벽에 멈췄다. 그곳은 잔디 길이가 페어웨이보다 길어 구제받지 못하는 상황. 그러나 폴터의 요청으로 한참 만에 현장에 도착한 경기위원은 "구제받고 드롭할 수 있다."고 판정했다. 경기 후 알아보니 '골프장 측에서 그곳 잔디를 짧게 깎아놓았다고 하여 그렇게 판정했다'는 대답이 돌아왔다. 그러나 벙커 측벽은 러프보다 잔디가 긴 것이 일반적이다. 따라서 로컬룰이 없다면 구제받지 못하는 것이 상식이다. 그날은 화창했기 때문에 로컬룰이 없었던 것으로 기억한다. 더욱 폴터의 볼이 '지면에 박혔는지, 잔디에 묻혔는지'를 정확히 관찰한 뒤 판정을 내렸어야 했다는 아쉬움이 남는다. 물론 지면에 박히지 않고 잔디에만 묻히면 구제받지 못한다. KGA 경기위원들이 세계적 선수 앞에서 너무 몸을 낮춘 것은 아니었던가.

⚫ 필 미켈슨, "지면에 박힌 거냐, 잔디에 묻힌 거지!"

2009년 6월 열린 제109회 US오픈골프선수권대회는 비로 인해 파행됐다. 지면이 물러서인지, 필 미켈슨이 13번홀(파5)에서 친 드라이버샷이 벙커턱에 멈췄다. 미켈슨은 "볼이 지면에 박혔다."라며 구제를 요청했으나 USGA 경기위원은 "지면에 박히지 않고 잔디에 묻혔다." 라며 구제 요청을 받아들이지 않았다. 비가 많이 내렸기 때문에 당시 USGA는 스루 더 그린에서도 볼이 자체의 낙하충격으로 지면에 박힐 경우 구제받을 수 있도록 로컬룰을 운용했으나 그 상황은 지면에 박힌 것이 아니라 단지 풀 속에 볼이 묻혀 있는 것으로 판단한 것. 미켈슨은 납득을 하지 못했는지 이번엔 미국PGA투어 경기위원을 불렀다. 그러나 미PGA투어의 마크 더스바벡 위원도 라이를 관찰한 뒤 "볼이 지면에 박히지 않았다."라며 USGA 위원과 똑같은 판정을 내렸다. 미켈슨은 어쩔 수 없이 언플레이어블 볼 처리를 했고, 그 홀에서 보기를 범했다. 미켈슨은 나중에 그 상황에 대해 "경기위원의 판정에 동의한다. 다만 '2중 체크'를 원했을 뿐이다."라고 말했다. 두 위원의 의견이 다를 경우 주최 측인 USGA 위원의 뜻이 반영됐겠지만, 미심쩍은 부분은 철저히 따지는 미켈슨의 자세는 타산지석으로 삼을 만하다.

● 친 볼이 곧바로 그 자리에 박힐 경우

볼이 페어웨이의 급격한 경사지에 멈췄다. 왼발 오르막 라이여서 특이한 스탠스를 취하고 스윙을 했는데 볼은 전혀 뜨지 않고 측벽에 그대로 박혀버렸다. 이 경우 '박힌 볼'로서 구제받을 수 있을까? 없다. 규칙은 볼이 자체의 힘으로 지면에 만든 자국(피치 마크)에 박힌 경우에만 구제받을 수 있도록 하고 있다. 피치 마크는 볼이 조금이라도 공중에 뜰 경우만 생길 수 있는 것인데, 이 경우는 볼이 뜨지 않고 바로 지면에 박혔으므로 구제받을 수 없는 것.

One Point 43

나무 위에 올라가 있는 볼 처리

나무 위에 올라가 있는 볼 처리는 우선 크게 두 가지로 나뉜다. 첫째, 나무 위 볼이 자신의 볼임을 확인했을 경우다. 이 경우 나무 위에 올라가 칠 수 있다. 물론 무벌타다. 단, 치기 전에 볼이 떨어지면 1벌타다. 확인은 했지만 도저히 칠 수 없을 경우 언플레이어블 볼 처리를 할 수 있다. 1벌타 후 종전 쳤던 지점으로 돌아가거나 볼을 나무 아래 직하방 지점으로부터 두 클럽 길이 내에 드롭하고 치거나 나무 위 볼과 홀을 연결하는 후방선상에 드롭하고 치면 된다. 둘째, 나무 위 볼이 자신의 볼임을 증명하지 못할 경우 분실구 처리를 하는 수밖에 없다. 볼을 확인하기 위하여 나무를 흔들다가 볼이 떨어졌는데 확인해보니 자신의 볼이었을 경우 1벌타를 받고 볼을 제자리에 갖다 놓아야 한다.

〈재정 18-2a/26 및 27〉

● 스티븐 에임스, "여기 사다리 없어요?"

2008년 1월 하와이에서 열린 미국PGA투어 소니오픈 3라운드 때의 일. 스티븐 에임스가 11번홀(파3)에서 친 티샷이 야자수나무 쪽으로 날아갔다. 볼이 없는 것으로 보아 나무 위에 걸린 것이 분명한 상황. 에임스는 경기위원에게 사다리를 갖다 달라고 요구했다. 그러나 그 요구는 받아들여지지 않았고, 에임스는 원구를 분실구로 처리한 뒤 다시 티샷을 해야 했다. 그 홀 스코어는 더블보기가 되고 말았다. 나무 위에 얹힌 볼이라도 에임스가 자신의 볼임을 확인했더라면 1타라도 줄일 수 있지 않았을까?

● 박세리도 경험

박세리는 2006년 4월 미국LPGA투어 LPGA다케후지클래식 2라운드 때 볼이 나무 위에 걸려 언플레이어블 볼을 선언한 적이 있다.

● 알라스테어 포사이스, 볼 확인 후 언플레이어블 볼

2003년 유러피언투어 두바이데저트클래식 때의 일. 알라스테어 포사이스의 볼이 야자수에 걸렸다. 포사이스는 경기위원을 불러 그 볼이 자신의 볼임을 설득시킨 뒤 언플레이어블 볼을 선언했다. 그는 볼이 나무에 걸려 있는 지점 바로 아래 지면에서 두 클럽 길이 내에 드롭하는 옵션을 택하고 플레이를 속개했다.

One Point 44

친 볼을 취소하고
벌타없이 다시 치는 경우

친 볼을 취소하고 벌타 없이 다시 치는 경우는 로컬룰로 따로 정한 경우를 제외하고는 크게 네 가지다.

◆몇 조각으로 갈라졌을 때(타수는 계산하지 않고 친 장소에서 다시 친다. 이때 친 볼이 OB나 워터해저드에 들어가도 관계없다.)

◆그린에서 같은 거리에서 동시에 친 볼이 부딪쳤을 때(쌍방 벌 없이 다시 친다.)

◆그린에서 스트로크한 볼이 굴러가고 있는데 '움직이고 있거나 살아 있는 국외자'(후속 조가 친 볼, 우연하게 동반플레이어의 발 등)에게 맞았을 때(그 스트로크 취소 후 원위치에서 다시 친다.)

◆그린에서 친 볼이 승인을 받지 않은 동반플레이어나 또는 그의 캐디가 잡고 있는 깃대 또는 그들에게 맞았을 때(그 스트로크를 취소하고 볼을 리플레이스한 뒤 다시 플레이하지 않으면 안 된다.)

〈규칙 5-3, 17-2, 19-1, 20-5, 재정 19-1/5〉

● 누구는 다시 치고, 누구는 홀인되고

2001년 은화삼CC에서 열린 한 아마추어대회에서 특이한 일이 발생했다. A의 볼은 온그린되었고, B의 볼은 벙커에 빠졌다. 그런데 홀까지 거리는 A가 더 멀다. A는 당연히 자신이 먼저 칠 차례라고 생각하고 퍼트를 했고, B는 깃대가 꽂혀 있을 때 샷을 하려고 서둘러 벙커샷을 했다. B의 볼이 그린에 떨어진 뒤 굴러가고 있던 A의 볼과 부딪쳤다. A의 볼은 홀에서 멀리 떨어진 곳에 멈췄고, B의 볼은 홀로 들어갔다. 이 경우 A와 B 모두 벌타는 없다. 그리고 A는 종전 퍼트를 취소하고 원위치로 가서 다시 쳐야 하고, B는 멈춘 그대로의 상태가 인정되므로 홀인이 된 것이다.

● 존 F 게레라, 조각난 볼을 치다니…

1990년 6월. 미국 뉴저지주 벨메드의 파이크 브룩CC 18번홀(파4)에서 일어났던 일이다. 존 F 게레라는 친지와 라운드를 하던 중이었다. 게레라가 친 드라이버샷은 헤드 가운데에 맞았는데 좀 물렁물렁하다는 느낌이 들었다. 아니나 다를까. 볼은 150야드 정도 나가는 데 그쳤다. 홀까지는 아직도 250야드가 남았다. 그는 3번우드로 세컨드샷을 했는데 이번에는 볼(투피스 설린 커버)이 조각나버렸다. 동반플레이어들은 "새 볼로 칠 수 없다."라고 주장했다. 그래서 그는 조각난 것 중 큰 것(정상 볼의 3분의 2정도 됨)으로 퍼트를 비롯한 나머지 플레이를 했고 결국 그 홀에서 9타를 치고 말았다. 물론 그날 내기에서는 450달러나 잃었다고 한다. 게레라가 만약 볼이 조각났을 경우 그 타수는 취소되고 벌타 없이 원래 위치에서 다른 볼로 플레이를 할 수 있다는 규칙을 알았더라면 피해 정도는 줄어들었을 것이다. 그러지 못했더라도 차선책으로 투볼 플레이라도 했어야 했는데….

One Point 45

볼이 바윗돌 뒤에 멈춘 경우

친 볼이 바윗돌 뒤에 멈췄다. 바윗돌 때문에 볼을 목표 쪽으로 칠 수 없는 상황이다. 어떻게 해야 할까. 바윗돌은 땅에 단단히 박혀 있지 않고 흔들거리면 루스 임페디먼트로 취급된다. 루스 임페디먼트는 볼과 함께 동일한 해저드에 있지 않는 한 치우거나 제거할 수 있다. 따라서 바윗돌이 한 사람 또는 동반자들의 힘으로 움직여지면 치운 뒤 샷을 할 수 있다. 이 규칙을 아는 골퍼는 드물지만, 알아 두면 타이거 우즈처럼 1타를 세이브할 수 있다.　　　　　　　　　　　　　〈규칙 23〉

Real story

● 타이거 우즈, '골프 황제'의 기지

1999년 2월 미국PGA투어 피닉스오픈 4라운드 13번홀. 우즈의 샷이 바윗돌(너비 1.2m, 높이 60㎝, 두께 60㎝) 앞 60㎝ 지점에 멈췄다. 바윗돌 때문에 도저히 그린을 향해 샷을 할 수 없는 상황. 그러나 우즈의 뇌리에 '루스 임페디먼트'라는 단어가 스쳐 지나갔다. 루스 임페디먼트는 크기나 무게에 대한 규정은 없다. 단, 생장하지 않고 고정돼 있

지 않으며 땅에 단단히 박혀 있지 않으면 되는 것이다. 그 바윗돌은
성인 몇 명이서 굴리면 움직일 듯했다. 우즈는 경기위원에게 "저 바윗
돌은 좀 크지만 루스 임페디먼트가 아니냐. 치우고 샷을 하겠다."라고
말한 뒤 주변 갤러리 7~8명의 힘을 빌려 바윗돌을 저만치 치우고 무
난히 샷을 했다. 최경주나 케빈 나 같았으면 그럴 용기나 지식이 있었
을까. 설령 그 사실을 알더라도 경기위원에게 따지고 물었을지 궁금
하다.

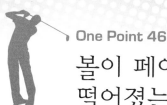

볼이 페어웨이 복판에
떨어졌는데 없을 경우

친 볼이 분명히 페어웨이 복판으로 향했는데 가서 찾아보니 없다. 이 경우 누군가 그 볼을 가져갔다는 증거가 없는 한, 억울하지만 분실구로 처리해야 한다. 예컨대 앞 조 플레이어가 잘못 알고 그 볼을 친 것을 본 사람이 있을 경우라면 볼이 있던 지점에 다른 볼을 드롭하고 치면 되지만, 그럴 것이라는 추정만으로는 구제를 받지 못한다는 뜻이다. 까마귀나 개가 물어갈 경우도 마찬가지다. 그 장면을 본 사람이 있을 경우에만 다른 볼을 드롭하고 칠 수 있다. 〈규칙 27-1c〉

Real story

● 이동환, "휴! 하마터면…"

이동환이 2007년 11월 일본골프투어 던롭피닉스대회 4라운드 18번 홀(파5)에서 겪은 일. 친 볼이 러프에 들어갔는데, 한 어린이가 그 볼을 주워 가버렸다. 갤러리들은 깜짝 놀라 그 어린이를 나무랐고, 어린이는 볼을 다시 러프에 놓았다. 이런 경우엔 갤러리들이 보았기 때문에 그 어린이가 볼을 갖고 가버렸어도 이동환은 분실구 처리 대신, 다른 볼을 드롭하고 플레이를 하면 된다.

4장 페어웨이, 러프에서의 골프규칙 **149**

다른 사람의 볼을 자기 볼인 줄 알고 쳤을 땐 2벌타

　다른 플레이어의 볼을 자신의 볼로 잘못 알고 플레이할 경우 2벌타가 따른다. 그리고 자신의 볼로 다시 플레이해야 한다. 오구(誤球)를 친 타수는 계산에 넣지 않는다. 주의할 것은 해저드(벙커·워커해저드)에서 오구를 치지 않도록 조심해야 한다는 점이다. 2007년까지는 해저드에서 오구를 쳐도 벌타가 없었다. 그러나 규칙이 개정돼 2008년부터는 해저드에서 오구를 치면 2벌타가 부과된다. 단, 해저드에서도 볼을 확인할 수 있도록 후속 조치가 마련됐다. 볼이 벙커 모래에 묻힐 경우 자신의 볼임을 식별할 수 있는 한도까지 모래를 헤칠 수 있다. 또한 동반플레이어에게 통보한 후 마크하고 볼을 집어올려 자신의 볼인지 확인할 수 있다. 　〈규칙 15-3〉

● 존 휴스턴, 남의 말 들었다가 벌타받다

존 휴스턴은 1994년 3월 미국PGA투어 네슬레인비테이셔널 1라운드 때 황당한 일을 당했다. 15번홀 그린을 향해 친 샷이 러프로 들어갔는데 마샬이 볼이 멈춘 곳을 알려주었다. 휴스턴은 마샬이 지적한 볼이므로 의심하지 않고 그 볼을 쳐 그린에 올렸는데, 볼을 집고 보니 자신의 것이 아니었다. 그래서 조금 전에 쳤던 러프로 가 보니 아까 친 곳의 1.5m 옆에 자신의 볼이 있지 않은가. 휴스턴은 비록 마샬의 말에 따라 샷을 했을지언정, 오구를 쳤기 때문에 2벌타가 따랐고 당시로서는 큰 1만 2,000달러의 손실을 봐야 했다.

● 필 미켈슨, 첫째도 확인 둘째도 확인

필 미켈슨도 프로 4년째이던 1995년 오구를 친 경험이 있다. 그해 2월 열린 미국PGA투어 뷰익인비테이셔널 2라운드에서 브래드 팩슨과 함께 플레이를 했다. 4번홀(파4)에서 티샷을 하고 나갔는데, 미켈슨 볼이 팩슨 볼보다 왼편으로 더 멀리 날아간 듯했다. 미켈슨은 당시 25세의 '젊은 피'였고, 퍼트에 일가견이 있는 팩슨은 34세의 중견 선수였다. 팩슨은 당연히 자신의 볼이 더 짧게 나간 것으로 생각하고 먼저 세컨드샷을 했고, 미켈슨 역시 자신의 볼이 더 멀리 나간 것으로 여기고 나중에 세컨드샷을 했다. 그러나 그린에 올라가 마크하고 집어 든 볼은 상대방의 볼이었다. 두 선수 모두 오구를 친 것. 미켈슨은 2벌타를 받아 그 홀에서 더블보기를 기록한 끝에 공동 선두로 치고 나갈 기회를 놓쳤다.

볼에 현저한 상처가 났을 때 교환 기준은?

플레이 중 볼이 경기에 부적합할 정도로 손상될 경우 다른 볼을 원구가 있던 곳에 놓고 플레이할 수 있다. 경기에 부적합한 볼이란 찢어지거나 깨지거나 변형된 경우를 말한다. 단순히 카트도로나 나무 등에 맞아 긁힌 것만 가지고는 부적합한 볼이라고 할 수 없다. 볼이 부적합하다고 생각되면 동반자에게 그 의사를 먼저 통고한 뒤 마크하고 볼을 벌타 없이 집어 올릴 수 있다. 단, 이때 볼을 닦아서는 안 된다. 그런 뒤 동반자에게 볼을 보여주고 그들의 동의를 얻어야 한다. 그들이 동의하면 다른 볼을 첫 번째 볼 위치에 정확히 놓아야 한다. 동반자들이 부적합한 볼이 아니라고 하면 그 볼로 플레이를 속개하든가, 경기위원을 불러 판정을 요구할 수 있다. 〈규칙 5-3〉

Real story

● 미셸 위, "긁힌 것만으로는 교체 안 돼요"

미셸 위는 2006년 1월 미국PGA투어 소니오픈에 출전했는데, 당시 플레이 중 볼이 긁히자 동반자에게 교환하겠다고 요구했다. 그러나 동반자는 경기에 부적합할 만큼 볼이 변형됐다고 보지 않았고, 미셸 위 본인도 그에 수긍하여 그 볼로 계속 플레이한 적이 있다.

● 브래드 팩슨, 일단 교체 요구는 해보라

브래드 팩슨은 2005년 8월 미국PGA투어 뷰익챔피언십 4라운드 17번홀 티샷이 카트도로를 맞은 뒤 40야드나 더 갔다. 가 보니 볼에 조그만 흠집이 있었다. 이 경우 대부분은 그 볼로 플레이를 해야 한다. 그러나 그는 볼이 플레이에 부적합하게 됐다며 새 볼로 드롭했고 우승컵까지 안았다. 같은 상황이라도 이처럼 해석은 달라질 수 있다.

● 박희영, 볼 찢어지는 바람에 더블보기 '불운'

박희영이 2009년 7월 미국 펜실베이니아주 사우컨밸리골프장 올드 코스에서 열린 US여자오픈골프대회 1라운드 17번홀(파3)에서 황당한 경험을 했다. 티샷을 한 볼이 언덕에 맞는가 싶더니 그린 왼편 벙커로 들어갔다. 벙커샷은 길어 반대편 그린사이드 러프로 들어갔고, 러프에서 친 세 번째 샷도 빠른 그린을 타고 프린지에 멈췄다. 그곳에서 퍼터로 네 번째 샷을 홀 옆에 붙인 뒤 볼을 집어 들어 보니 볼이 찢겨 있었던 것. 박희영은 "티샷한 볼이 언덕에서 무언가에 맞은 것 같다. 운이 없었던 것 같다. 볼은 3분의 1 정도가 찢겨 있었다. 볼이 찢어진 것을 알고 심리적인 부담이 있었던 것도 사실이다."라고 털어놓았다. 박희영은 4온 후 짧은 퍼트를 하기 전에 볼을 교체했다. 그 홀 스코어는 4온1퍼트로 더블보기. 박희영처럼 볼이 플레이에 부적합할 정도로 찢어지거나 깨지거나 변형될 경우 벌타 없이 새 볼로 교체할 수 있다. 친 볼이 깨져 조각나버리면 그 스트로크를 취소하고 원구를 쳤던 지점에서 다른 볼로 플레이하면 된다. 박희영의 경우 볼을 좀 더 일찍 교체했더라면 더블보기는 막을 수 있지 않았을까.

두 볼의 상표와 번호가
같은 경우엔 분실구 처리

골퍼 A와 B가 '타이틀리스트 프로 V1' 볼로 티샷을 했다. 둘은 볼에
아무런 표시를 하지 않았다. 볼은 공교롭게도 같은 방향으로 날아가
비슷한 지점에 멈췄다. 표시가 없었기 때문에 어느 볼이 A의 볼이고
어느 볼이 B의 볼인지 구분할 수 없었다. 이 경우 억울하지만, 둘 다
분실구 처리를 해야 한다.

둘 다 1벌타를 받은 뒤 종전 친 지점(티잉그라운드)으로 되돌아가
다음 샷(3타째가 됨)을 하는 수밖에 없다. 볼에 표시를 해두지 않을 경
우 이처럼 골퍼에게 불리하게 해석될 수 있으므로 유의해야 한다. 티
오프 전 서로 브랜드와 번호를 확인하고, 똑같은 볼일 경우 반드시 표
시를 해두는 것이 예기치 못한 불이익을 막는 길이다.

〈규칙 6-5, 12-2, 27-1c〉

● 호랑이한테 물려가도 정신만 차려라

분실구로 처리하지 않는 예외적 상황도 있다. 합당한 증거가 있을 경우다. 예컨대 똑같은 볼이라도 한 사람은 중간에 새 볼로 플레이했고. 다른 한 사람은 첫 홀부터 쓴 데다 카트도로에 부딪쳐 긁힌 자국이 많이 있었다면 볼을 구분할 수 있을 것이기 때문이다. 두 번째로 친 볼이 먼저 친 볼보다 확연히 왼편이나 오른편에 멈췄다는 사실을 눈으로 확인했다면 그 역시 누구의 볼인지 구분이 가능한 상황이다. 물론 갤러리나 주위 사람이 먼저 친 볼과 나중에 친 볼을 구분해주었을 경우에도 분실구 처리를 하지 않아도 된다.

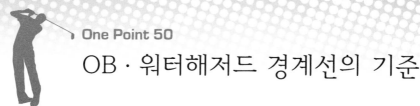

OB · 워터해저드 경계선의 기준

OB는 흰 색, 워터해저드는 노란(빨간) 색 말뚝이나 선으로 표시된다. 단, OB와 워터해저드 말뚝(선)은 약간 다르게 해석된다. 볼이 OB 선에 조금이라도 걸쳐 있으면 OB가 아니나, 워터해저드는 경계선에 볼이 조금이라도 걸쳐 있을 경우 해저드 내 볼로 간주한다. OB의 경우 말뚝의 코스(스루 더 그린) 쪽 선을 연결한 것이 OB선이 된다. 물론 말뚝이 아니라 선으로 표시할 경우 그 선 자체가 OB선이 된다. 워터해저드는 말뚝 자체가 해저드로 간주되므로 볼이 코스 쪽 경계선에 조금이라도 걸쳐 있으면 해저드 내 볼이 된다. 물론 워터해저드 경계를 선으로 표시될 경우 선 자체가 해저드이므로 볼이 그 선에 닿아 있으면 해저드 내 볼로 간주해야 한다.

〈규칙 2장 '용어의 정의' 39, 60〉 (119, 120쪽 그림 참조)

● 말뚝보다 선이 우선

강원도 원주에 있는 센추리21CC 밸리코스 1번홀(파4). 왼쪽으로 약간 굽어지는 내리막 홀이어서 장타자들은 '1온'을 노리곤 한다. 그래서 그런지 힘이 들어가면 티샷한 볼이 곧잘 왼쪽으로 가는데, 그쪽은 OB다. 골프장 측에서는 골퍼들 사이에 OB 여부를 두고 논란이 끊이지 않자 경계를 확실히 할 요량으로 OB말뚝 외에도 백색선을 그어놓았다. 2009년 6월말 친구들과 함께 그곳에 갔는데 동반자 H의 티샷이 왼쪽으로 날아갔다. 가서 보니 볼은 백색선 밖(OB)에 멈춰 있어서 누가 보아도 OB였다. 그런데 H는 "백색선을 기준으로 하면 볼이 코스 밖에 있지만, OB말뚝을 기준으로 하면 코스 안에 있다."라며 한사코 OB를 인정하려 들지 않았다. 플레이가 속개되지 않고 주위가 소란스러워지자 그 골프장 박금숙 지배인(프로골퍼 출신, 한국여자프로골프협회 경기위원)이 와서 "OB말뚝과 백색선이 동시에 있을 경우 백색선이 우선이다. 따라서 그 볼은 OB다."라고 확실하게 판정을 내려주었다.

● 골프백에 실을 넣고 다니는 이유

2009년 아마추어 국가대표 상비군이었던 고교생 H군. 필자가 다니는 연습장에서 가끔 마주쳤는데, OB와 관련된 논쟁을 피하기 위해 그 또래의 많은 선수들이 실을 가지고 다닌다고 했다. 요컨대 볼이 OB선이 걸려 있을 경우 'OB냐, 아니냐?'로 볼 주인과 동반플레이어들이 옥신각신하는 사태를 막기 위해서라고 했다. 볼 양쪽에 있는 OB말뚝(그중에서도 코스 쪽)을 실로 이어보면, 볼이 OB에 있는지 코스에 있는지 금세 판가름 나기 때문이다. OB 때문에 논쟁을 자주 하는 골퍼들은 이 방법을 써볼 만하겠다.

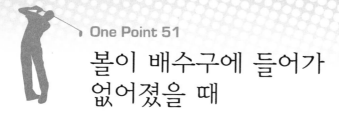

One Point 51

볼이 배수구에 들어가 없어졌을 때

플레이어의 볼이 지하 배수관 안으로 들어갔다. 그러나 손이 닿지도 않고 볼을 확인할 수도 없는 상황이다. 이 경우 어떻게 해야 하는가. 먼저 지하 배수관이 어디에 있느냐를 따져야 한다. 그냥 스루 더 그린에 있는 지하 배수관은 장해물이다. 볼이 움직일 수 없는 장해물 안에 있다는 것을 알고 있거나 사실상 확실한 경우 플레이어는 장해물 처리를 하면 된다. 그 볼은 장해물의 가장 바깥쪽 한계를 최후로 넘어간 지점에 있는 것으로 간주하여 구제받을 수 있다.

둘째, 지하 배수관이 워터해저드 내에 있을 경우 구제받을 수 없으며 워터해저드 처리를 해야 한다. 셋째, 지하 배수관이 OB 지역에 있고 볼이 코스 경계 안에 있다는 사실이 확인되지 않을 경우 분실구 처리를 해야 한다. 〈규칙 24-2, 24-3, 재정 24-3b/1〉

● 배수구도 배수구 나름

오래 전 필리핀 마닐라에서 열린 아시아서킷 때의 일이다. 한국의 K
선수가 친 볼이 배수구 바로 오른쪽에 멈췄다. 스탠스를 취하는데 배
수구가 걸려 드롭해야 할 상황. K선수는 당연하다는 듯 볼을 배수구
오른편에 드롭하고 플레이했다. 그런데 그 배수구는 작은 편이어서
'니어리스트 포인트'가 배수구 왼편에 잡히는 상황이었다. 동반플레이
어가 "배수구 왼쪽에 드롭했어야 했다."라며 클레임을 걸었고 결국 K
선수는 실격당하고 말았다.

One Point 52

볼 두 개가 인접해 있어
칠 수 없을 때

볼 두 개가 인접해 있어 칠 수 없을 때 플레이에 방해가 되는 상황이므로 먼저 칠 권리가 있는 플레이어가 다른 사람에게 볼을 집도록 요구할 수 있다. 다른 사람에게 집도록 하는 대신 자신의 볼을 집어도 된다. 단, 집은 볼은 닦을 수 없다. 집은 볼은 다른 사람이 친 뒤 그 자리에 놓아야 한다. 두 볼이 벙커 안에서 50cm 거리에 있다고 하자. 이 경우에도 홀에서 가까운 곳에 있는 볼을 마크하고 집어 올리도록 한 뒤 멀리 있는 볼을 먼저 플레이한다. 그 다음 집어 올린 볼을 제자리에 놓고 플레이하면 된다. 이때 먼저 친 샷 때문에 라이가 변경될 경우 최대한 처음 상태대로 해놓은 뒤 플레이해야 한다.

〈규칙 20-3, 21, 22, 재정 20-3b/1〉

● 순서대로 차근차근

2007년 10월 한국오픈골프선수권대회 2라운드 때의 일. 대회장인 우정힐스CC 16번홀(파3)에서 김경태와 양용은의 티샷이 그린 옆 벙커에 나란히 떨어졌다. 양용은이 샷을 하면 김경태의 볼이 움직일 염려가 있었으므로 김경태는 자신의 볼을 마크하고 집어 들었다. 이 경우 두 선수 모두 유념해야 할 것이 있다. 먼저 친 양용은은 자신의 샷으로 인해 김경태 볼의 라이가 변경될 경우 모래를 원래 상태대로 해놓아야 한다. 김경태 역시 자신의 볼을 플레이스할 때 최초의 상태대로 해놓은 뒤 샷을 해야 한다. 김경태는 그린 밖에서 집어 올린 볼이기 때문에 볼을 닦아서는 안 된다. 그런데 김경태가 볼을 호주머니에 넣어 '닦았느니, 안 닦았느니'로 논란을 야기한 끝에 '닦을 의도가 없었으므로 괜찮다'는 판정을 받은 바 있다.

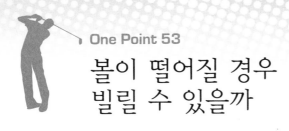

볼이 떨어질 경우
빌릴 수 있을까

　정규 라운드 중 플레이어가 가져온 볼을 모두 사용해버렸다. 그때 다른 플레이어한테 볼을 빌려 써도 될까? 상관없다. 규칙은 플레이어가 그 코스에서 플레이하고 있는 다른 플레이어로부터 클럽의 차용은 금지하나, 다른 플레이어나 국외자로부터 다른 장비(볼·수건·장갑·티) 등의 차용을 막지 않는다. 단, 부속규칙 I 에 나와 있는 '원 볼 조건'이 적용된 경우 플레이어는 볼을 차용할 때 그 조건에서 요구하고 있는 바와 같은 상표와 형(型)의 볼을 빌려 써야 한다. 예컨대 원볼 조건이 명시될 경우 경기를 시작할 때 '타이틀리스트 프로V1'을 사용했다면, 볼을 빌릴 때에도 그 볼을 빌려야 한다는 말이다. 다른 사람이 그 볼을 갖고 있지 않다면 빌릴 수 없고 실격을 당하는 수밖에 없다. 원 볼 조건이 적용되지 않을 경우엔 어떤 볼이라도 빌려 사용할 수 있다. 〈규칙 4-4/a, 5-1, 재정 5-1/5〉

● 김하늘, 아찔한 순간

2009년 5월 레이크사이드CC 동코스에서 열린 한국여자프로골프 힐스테이트 서울경제오픈 1라운드 때의 일. 김하늘은 한 라운드에 볼을 4개 갖고 나가는 습성이 있었는데, 그날따라 OB와 워터해저드를 전전하느라 15번홀까지 볼 3개를 써버렸다. 이제 남은 것은 달랑 하나. 그런데 16번홀(파5)에서 친 볼도 워터해저드에 빠져버렸다.

그 대회는 '원 볼 조건'이 적용되고 있었으므로 아무 볼이나 쓸 수 없었다. 그래서 그는 동반자에게 빌릴 요량으로 물어보았으나 유소연(타이틀리스트 프로 V1), 서희경(투어스테이지) 모두 자신의 볼(타이틀리스트 프로 V1x)과 달라서 빌릴 수가 없었다. 그때 갤러리 중 한 명이 "비록 오래된 헌 볼이지만 내게 프로 V1x 볼이 있다."라고 하여, 그 볼을 빌려 세 홀을 마칠 수 있었다.

만약 갤러리의 도움이 없었다면 김하늘은 실격을 당할 뻔했다. 처음 쳤던 볼과 다른 형, 다른 상표의 볼을 사용할 경우(플레이어 자신이나 동반플레이어들이 인지할 경우) 그 즉시 실격이 된다. 김하늘이 만약 프로 V1x 골프볼을 못 구해 다른 볼로 플레이했다면 실격당했을 것이라는 얘기다. 따라서 프로 V1x 볼을 구하지 못할 경우 어차피 실격이므로 그 자리에서 기권하는 수밖에 없다.

다만, 자신도 모르게 다른 형, 다른 상표의 볼을 사용하다가 도중에 발견할 경우 위반한 홀마다 2벌타, 한 라운드에 최대 4벌타가 부과된다. 그리고 발견 즉시 원래 쓰던 볼과 같은 형, 같은 상표의 것으로 바꿔서 플레이해야 한다.

● J. P 헤이즈, 비공인볼을 사용한 죄는?

2008년 미국PGA투어 퀄리파잉토너먼트 2차 예선 때의 일. J. P 헤이즈는 첫날 12번홀에서 새 볼로 티샷하고 나서 그린에서 가서 보니,

출발할 때 사용했던 볼과 상표는 같았으나 '형'(型)이 달랐다. 그 사실을 경기위원에게 알리자, 경기위원은 "투어에서 적용하는 원 볼 조건을 위반했으므로 2벌타를 받아야 한다."라고 말했다. 그런데 그날 저녁 헤이즈는 12번홀에서 사용한 그 볼이 미국골프협회(USGA)의 공인을 얻은 볼이 아니라는 것을 알았고, 2라운드 직전 그 사실을 위원회에 알렸는데 '실격'이라는 통보를 받고 말았다. USGA가 정한 '적격 골프볼 목록'에 없는 볼을 사용한 죄였다.

● 볼 떨어져 기권

몇 년 전 한국 남자프로골퍼가 영국에서 열린 브리티시오픈 예선전에 출전한 적이 있다. 예선전에서도 링크스코스 특유의 바람이 불고, 러프가 깊어 선수들이 곤욕을 치렀다.

한국 선수는 링크스코스를 얕봤던지, 볼을 넉넉히 갖고 가지 않았던 모양이다. 한참 경기를 하고 있는데, 갖고 나간 볼이 다 떨어진 것이 아닌가. 그 선수는 그때까지 스코어도 형편없는 데다 볼도 없어서 중도에 기권하고 말았다.

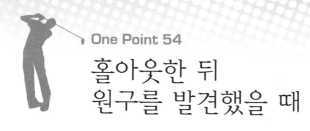

홀아웃한 뒤
원구를 발견했을 때

　홀아웃을 하는 순간 그 홀의 플레이는 종료된 것이다. 따라서 홀아 웃한 뒤 원구를 발견해도 소용없다. 5분 안에 발견해도 마찬가지다.

〈규칙 27〉

Real story

● 래리 넬슨, '잠정구' 말하기가 그렇게 어려운가

　2001년 9월 미국시니어PGA투어 SAS챔피언십 2라운드 13번홀(파 4). 전 홀까지 4타차 선두였던 래리 넬슨은 그 홀에서 6오버파 10타를 치며 무너졌는데, 그 스코어에는 오구를 친 벌타가 포함됐다. 원구가 OB 위험이 있는 곳으로 날아가 잠정구를 쳤으나 넬슨은 이때 '잠정 구'라는 말을 하지 않았다.

　그럴 경우 원구를 찾든 못 찾든 잠정구가 곧바로 인플레이 볼이 된 다. 그런데 넬슨은 나중에 원구를 찾았고 그 볼로 다음 플레이를 했다. 그러나 넬슨의 행위는 '오구'를 친 것이 된다. 넬슨은 2벌타를 받았고, 그것이 하이 스코어로 연결되고 만 것이다.

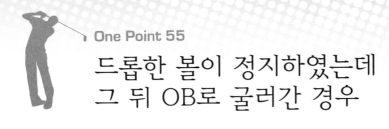

드롭한 볼이 정지하였는데
그 뒤 OB로 굴러간 경우

플레이어의 볼이 OB말뚝 근처에 멈췄다. 칠 수 없어 언플레이어블 볼로 했다. 1벌타 후 드롭한 볼이 정지했는데, 곧이어 저절로 굴러 OB 지역으로 가서 정지했다. 이런 경우 '드롭한 볼이 정지했으나 그 후 움직인 것'이 되어 그 상태대로 플레이하지 않으면 안 된다. 따라서 OB 다. 볼이 움직이기 전에 일단 정지했으므로 재드롭할 수 없다는 점을 알아야 한다. 따라서 언플레이어블 볼 처리 또는 다른 상황에서 드롭할 경우 볼이 낙하 후 굴러갈 것까지를 염두에 두고 주도면밀하게 해야 한다. 〈규칙 20-1 주1, 재정 20-2c/3.5〉

● 박현순, 당황하지 말고…

야구 선수 박찬호와 사촌간인 여자프로골퍼 박현순은 2002년 9월 자유CC에서 열린 KLPGA선수권대회 1라운드 때 잊지 못할 경험을 했다. 파5홀로는 긴 편인 15번홀(파5)에서 드롭 잘못으로 '더블파'(10타)를 기록한 것. 그의 세컨드샷이 카트도로에 멈춰 구제받고 드롭을 했다. 경사지여서 첫 번째, 두 번째 드롭한 볼이 잇따라 두 클럽 길이를 벗어났고 급기야 두 번째 드롭시 낙하한 지면에 볼을 놓고 쳤다. 그런데 놓은 볼이 조금 있다가 다시 굴러가는 것이 아닌가.

박현순은 저만큼 굴러가 멈춘 볼을 집어 들고 처음 놓았던 자리에 갖다 놓았다. 그러나 이 경우 멈춘 자리에서 다음 플레이를 속개해야 한다. 드롭하거나 플레이스한 볼이 정지한 뒤 움직이면 멈춘 자리에서 플레이를 해야 하기 때문이다. 박현순은 인플레이 볼에 손댄 1벌타, 그리고 오소 플레이 등이 겹치는 우여곡절 끝에 10타를 기록한 것. 선두권에서 처진 것은 물론이다.

One Point 56

언플레이어블 볼 후 드롭한 볼이 원위치나 플레이할 수 없는 곳에 정지

플레이어가 그의 볼을 언플레이어블 볼로 하고 1벌타 후 그 볼이 있던 지점에서 두 클럽 길이 내에 드롭했다. 그런데 볼은 원위치 또는 플레이할 수 없는 다른 위치에 가서 멈췄다. 이런 경우 볼을 드롭했을 때 그 볼은 인플레이 볼이 된다. 드롭한 볼이 원위치에 정지할 경우 플레이어는 볼이 멈춘 그대로의 상태에서 플레이하거나, 1벌타를 추가해서 받고 다시 언플레이어블 볼 처리를 하지 않으면 안 된다. 따라서 언플레이어블 볼 선언 후 드롭할 때에는 볼이 다시 그 자리로 돌아가지 않도록 '두 클럽 길이 내' 권리를 충분히 이용해 드롭해야 한다. 또 주변을 잘 살펴야 한다.　　　　　　　　　　　　〈규칙 20-4, 28, 재정 28/3〉

Real story

● 벙커에서의 언플레이어블 볼

골퍼 A가 남서울CC 6번홀(파3)에서 티샷한 볼이 짧아 그린 앞 항아리 모양의 벙커에 빠졌다. 설상가상으로 볼은 높은 턱 밑에 멈췄다. 벙커샷이 신통치 않은 A는 언플레이어블 볼 처리를 하기로 했다. 그러나

1벌타 후 티잉그라운드로 돌아가 다시 티샷을 하는 옵션은 뒤 조가 이미 와 있었기 때문에 불가능한 상황. A는 볼이 있던 자리로부터 두 클럽 길이 내에 드롭하고 치기로 했다. 화불단행(禍不單行)이라던가. 드롭한 볼은 스스로의 충격으로 모래 속에 박혀버렸다. A는 동반플레이어에게 "재드롭하겠다."라고 말했으나 동반자들은 "그냥 쳐야 한다."라고 대꾸했다. 이 경우 동반자들의 말대로 A는 그냥 치든가, 또다시 언플레이어블 볼 처리를 해야 한다.

벙커에서 드롭할 때에는 박힐 염려가 있는지를 잘 따져보아야 이 같은 낭패를 당하지 않는다. 벙커에서 언플레이어블 볼 처리를 할 때는 가능하면 벙커 밖에서 최후로 쳤던 지점으로 되돌아가 드롭하는 옵션을 생각해보아야 한다. A처럼 티샷이 아니라, 짧은 샷이 벙커에 박혀 언플레이어블 볼 처리를 했다면 충분히 가능한 얘기다.

● 엎친 데 덮친 정일미

1999년 12월 핀크스GC에서 열린 제1회 핀크스컵 한 · 일여자골프대항전 2라운드. 정일미는 6번홀(파4)에서 언플레이어블 볼을 두 번이나 한 끝에 '퀸튜플(quintuple)보기'인 9타를 기록하고 말았다. 정일미는 그날 일본 팀의 오카모토 아야코와 싱글 스트로크 매치플레이로 겨뤘는데 정일미가 80타, 오카모토가 79타를 쳤다. 그 홀 9타만 아니었더라면 정일미가 큰 타수 차로 이겨 한국에 승점 2점을 선사할 판이었는데 아쉬움을 남겼다. 정일미의 세컨드샷이 카트도로를 맞고 나무와 바위로 된 러프에 들어간 것이 화근이었다. 정일미는 탈출을 시도했으나 그것이 여의치 않자 약 40분 동안 두 번이나 언플레이어블 볼 처리를 한 끝에 9타(7온2퍼트) 만에 홀아웃할 수 있었다.

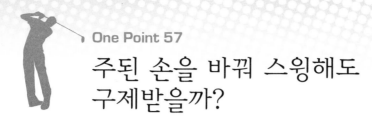

주된 손을 바꿔 스윙해도
구제받을까?

오른손잡이 골퍼가 그린을 향해 볼을 치려고 하는데 나무가 방해가 되어 스윙을 할 수 없다. 그래서 레이업하기로 마음먹고 왼손으로 스윙하려 했다. 그러다 보니(왼손잡이처럼 어드레스하다 보니) 카트도로가 걸린다. 이 경우 구제받을 수 있다. 움직일 수 없는 장해물인 카트도로로부터 구제받고 드롭한 뒤 다음 플레이를 속개하면 된다. 드롭하고 보니 오른손잡이처럼 스윙할 수 있는 상태가 된다면 오른손잡이 식으로 스윙해도 무방하다. '골프는 상상력의 게임'이라는 말이 잘 어울리는 상황이 아닐 수 없다. 〈규칙 24-2 예외, 재정 24-2b/17〉

● 테드 오의 재치에 감탄한 예스퍼 파니빅

2006년 9월 한국프로골프 신한동해오픈은 레이크사이드CC 서코스에서 열렸다. 당시 테드 오(오태근)의 '재치 있는 플레이'가 주목받았다. 초청선수 예스퍼 파니빅과 함께 플레이한 테드 오는 18번홀(파4) 티샷이 왼편 카트도로(움직일 수 없는 인공장해물)를 넘어 언덕까지 올라갔다. 볼이 나무 옆에 멈춰 제대로 칠 수 없는 상황인 데다 '발끝 내리막'의 고약한 라이였다. 그런데 테드 오는 오른손 스윙이 나무 때문에 불가능하자 왼손으로 스윙해 볼을 탈출시킬 궁리를 했고 그러다 보니 이번에는 카트도로가 발에 걸렸다. 테드 오는 마커인 파니빅에게 "스탠스에 장해물이 걸리므로 드롭하겠다."라고 말했고 파니빅은 "나도 그렇게 생각하지만 경기위원에게 물어보라."라고 응답했다. 테드 오는 경기위원(최영수 씨)에게 말해 결국 구제받아 드롭을 했다. 그러고 나서 보니 이번에는 오른손으로 그린을 향해 샷을 할 수 있는 라이로 변했다. 테드 오는 그곳에서 오른손잡이 식으로 스윙, 볼을 그린에 올려 파를 기록했다. 규칙 해석에 재치가 돋보인 장면이었다.

The **spirit** of the game

미국골프협회(USGA)는 영국왕립골프협회(R&A)와 더불어 4년마다 골프규칙을 개정 보완한다. 세계 골프를 관장하다시피 한다고 해도 틀림이 없다. 두 기구는 기본적인 규칙 외에도 클럽이나 볼의 규격을 정하고 골프의 에티켓과 전통에 대해서도 가이드라인을 제시한다. 그 가운데 USGA가 지난 2000년 '골프 게임의 정신(The spirit of the game)'이라고 요약한 내용을 소개한다. USGA는 이를 '네임 택'에 인쇄하여 USGA 회원들에게 나눠주었다. 골프에서 규칙 못지않게 중요한 게임 정신은 다음과 같다.

✚ 티잉 그라운드에서

• 플레이 속도를 명심하라.

• 티샷하기 전에 앞 조 골퍼들이 사정권에서 벗어날 때까지 기다려라.

✚ 페어웨이에서

• 차례가 되었을 때 곧 칠 수 있도록 준비하라.

• 디봇(샷할 때 뜯긴 잔디)은 원위치에 갖다 놓으라. 코스는 처음 밟을 때보다 더 좋은 상태로 남긴 뒤 이동하라.

✚ 그린에서

• 모든 볼마크를 보수하라.

• 동반플레이어의 퍼트라인에서 왔다 갔다 하지 말라.

• 모두 홀아웃한 뒤에는 즉시 그 그린을 떠나라.

5장

벙커,
워터해저드에서의
골프규칙

벙커 내 발자국에
멈춘 볼은 그대로 쳐라

　극히 일부 골퍼나 캐디들이 벙커 내 발자국에 멈춘 볼은 모래를 평평하게 고른 뒤 샷을 할 수 있는 것으로 잘못 알고 있다. 그들은 "골프 규칙이 개정됐다고 들었다."라는 말과 함께 그럴싸하게 설명한다. 그러나 분명히 말해 규칙이 개정된 적이 없다. 앞으로는 어떨지 모르나 적어도 현재까지는 그렇다. 앞 사람이 남긴 발자국에 볼이 들어갈 경우 억울하지만 그대로 쳐야 한다. 그래서 자신이 남긴 자국은 자신이 철저히 정리해야 한다는 말이 나온다. 한국과 일본 골프의 차이점 중 하나가 바로 벙커 정리 여부다.

　한국 골퍼들은 캐디들에게 맡기는 일이 많으나, 일본은 지위고하·남녀노소를 막론하고 자신이 남긴 자국은 철저히 정리한 뒤 떠난다. 허석호 프로는 "프로암대회 같은 데서 보면 일본의 내로라하는 재계 총수들도 벙커샷을 한 뒤에는 하나같이 자신이 남긴 자국을 완벽하게 정리한 뒤 떠나는 것에 놀랐다."라고 말한다.

〈규칙 13-4, 재정 13-4/11〉

🔵 선두 아오키 이사오의 실격

1994년 3월 미국 시니어PGA투어 사상 처음으로 리더가 실격당하는 일이 벌어졌다. 대회는 더그 샌더스 셀러브리티클래식이었고, 주인공은 아오키 이사오였다. 사단은 2라운드 9번홀에서 발생했다.

그의 드라이버샷이 페어웨이 벙커에 박혀버렸다. 모래를 헤쳐 볼을 찾았으나 칠 수 없어 언플레이어블 볼을 선언했다. 아오키와 그 캐디는 1벌타 후 벙커 안에 드롭하기 전에 조금 전 볼을 찾으면서 만들었던 자신들의 발자국을 고무래로 골랐다. 물론 아오키는 그것이 규칙 위반(라이 개선)인 줄 몰랐다.

그는 언플레이어블 볼 처리에 대한 1벌타만 더한 채 스코어 카드(68타)를 냈다. 그런데 그 이튿날 경기위원이 그 일을 듣고 녹화테이프를 돌려 본 끝에 규칙 위반이 있었음을 알아냈다. 당연히 아오키가 라이 개선에 따른 2벌타를 가산하지 않은 채 스코어 카드를 냈기 때문에 실격이 주어졌다. 3라운드 2번홀에서 플레이하고 있던 아오키는 아연실색한 채 코스를 떠나고 말았다. 아오키는 2라운드까지 1타차 선두였기 때문에 아쉬움은 더했다. '스트로크하기 전'에 벙커에서 볼을 찾다가 만든 발자국은 고를 수 없다.

One Point 59

볼이 고무래에 걸렸을 때

벙커를 고르는 기구를 '고무래'라고 한다. 고무래는 대개 벙커 밖이나 벙커 측벽에 놓아둔다. 친 볼이 고무래에 걸려 멈추는 일이 많다. 이때 어떻게 해야 할지를 몰라 우왕좌왕하는 골퍼들이 있다. 고무래는 '움직일 수 있는 장해물'이다. 따라서 고무래가 방해가 되면 구제를 받을 수 있다.

첫째, 볼이 고무래 옆에 걸려 있을 경우다. 이때는 먼저 고무래를 치운다. 볼이 움직이지 않으면 그대로 샷을 하면 되고, 볼이 움직이면 볼을 제자리에 갖다 놓은 뒤 다음 샷을 하면 된다. 그곳이 벙커 측벽이어서 볼이 벙커로 굴러 들어갈 경우 볼을 집어 측벽 원래 위치에 갖다 놓은 뒤 샷을 하면 된다는 얘기다.

둘째, 볼이 고무래 위에 올라가 있을 경우다. 이때는 볼 위치에 마크한 뒤 볼을 먼저 집어 들고 고무래를 치운다. 그리고 볼을 리플레이스한 뒤 다음 샷을 하면 된다. 볼이 고무래에 걸리는 것을 막기 위해 '고무래를 벙커 안에 놓느냐, 벙커 밖에 두느냐'에 대한 논란이 있으나 '플레이에 영향을 최소로 주는 지점'으로 결론 나는 일이 많다.

〈규칙 24-1〉

● 미셸 위, 타이거 우즈 거든 경기위원

고무래처럼 케이블도 움직일 수 있는 장해물이므로 치우고 샷을 하면 된다. 볼이 케이블에 붙어 있으면 케이블을 먼저 치운 뒤 볼이 움직이면 원위치하면 되는 것. 미셸 위는 2006년 7월 미국LPGA투어 에비앙마스터스 4라운드 15번홀(파5)에서 볼이 갤러리 스탠드 옆에 떨어졌는데, 공교롭게도 케이블과도 맞닿아 있었다.

미셸 위는 처음에는 스탠드(움직일 수 없는 장해물)만 생각하고 볼을 집어 드롭하려고 했는데, 곁에 있던 경기위원이 말렸다. "케이블부터 치우고 볼이 움직이면 리플레이스하라."는 것이 요지였다. 스탠드가 옆에 있다고 하여 드롭을 먼저 하는 것이 아니라, 볼 옆에 있는 케이블을 먼저 치우고 그런 뒤 스탠드가 방해가 되면 드롭하라는 말이었다. 경기위원의 말대로 케이블을 치우고 나서 스윙자세를 취해 보니 칠 만한 상황이었다. 볼과 스탠드는 약 30cm의 간격이 있었고, 스윙하는 데 스탠드가 방해가 되지 않았던 것. 미셸 위는 그곳에서 6번아이언으로 '굿 샷'을 날린 뒤 파를 기록했다. 경기위원이 아니었더라면 벌타를 받을 뻔한 아찔한 순간이었다.

그런가 하면 타이거 우즈는 2007년 브리티시오픈 1라운드 10번홀(파4)에서 티샷이 왼쪽 러프에 깔려 있는 케이블 옆에 멈췄다. 이 경우 역시 케이블을 먼저 치우는 것이 순서다. 그런데 경기위원은 갑자기 우즈에게 드롭을 허용했다. 라이가 더 좋아진 우즈는 그 홀에서 파를 잡았는데, 이를 두고 한참 논란이 벌어졌다. 경기위원이 '골프황제' 우즈에게 너무 저자세로 후하게 규칙해석을 해주었다는 것.

볼이 워터해저드에 들어갔으나 타구가 가능할 경우 쳐도 된다

워터해저드라고 하여 모두 물이 차 있는 것은 아니다. 물이 말라 있을 수도 있고 얼어 있을 수도 있다. 또 자갈밭인 경우도 있다. 그런 곳에 볼이 멈출 경우 1벌타를 받는 것이 아까울 수도 있다. 따라서 칠 수 있으면 그대로 치면 된다. 물론 무벌타다. 단, 규정된 경우를 제외하고는 어드레스나 백스윙 때 클럽헤드가 바닥(지면·수면·얼음 등)에 닿으면 2벌타가 따르므로 유의해야 한다.

워터해저드에 볼이 들어가면 '무작정 1벌타'를 떠올리는 골퍼들은 그런 선입관을 바꿔볼 만하다. 프로들의 경우 수심이 얕을 경우 물에 잠겨 있는 볼을 종종 친다. 아마추어들은 겨울에 물이 얼어 있을 경우 얼음 위에 놓인 볼을 쳐볼 만하다.

〈규칙 13-4c, 재정 13-4/13 및 13.5〉

● 폴 에이징거, 돌다리도 두드렸다간?

워터해저드에서 타구를 할 수 있으나 어디까지나 해저드이기 때문에 세심한 주의를 해야 한다. 1991년 3월 미국PGA투어 도랄라이더오픈 1라운드 직후 폴 에이징거가 실격 통보를 받았다. 1라운드 때 워터해저드 안에서 스탠스를 취할 때 발로 자갈을 헤쳤다는 것이 TV화면에 비쳤고, 그 장면을 본 시청자가 제보를 해온 데 따른 것이다.

대회 주최 측에서는 그 제보에 대해 면밀히 조사했고, 결국 에이징거가 해저드에서 스트로크 전에 루스 임페디먼트를 제거했다는 이유로 실격을 주었다. 물론 1라운드 도중이나 그 직후 알려졌으면 2벌타로 그칠 일이었으나, 이미 1라운드 스코어 카드를 제출한 뒤였기 때문에 스코어 오기로 실격을 준 것. 에이징거는 고의로 그런 것이 아니라 무지나 실수로 그랬을 것이다. 만약 그런 일이 4라운드에서 있었고, 시상식과 상금 분배가 끝난 후 그것이 알려졌을 경우 선수가 고의로 그러지 않았다면 실격을 받지 않았을 것이다.

어쨌든 워터해저드에서 볼을 칠 땐, 칠 수 있다는 점에 들뜨지 말고 첫째도 조심, 둘째도 조심해야 한다.

● 애런 배들레이, 워터해저드 내 돌멩이 조심하세요

해저드(벙커·워터해저드) 안에서 돌멩이를 움직여도 아무렇지도 않은 것으로 아는 골퍼들이 많으나, 그렇지 않다. 호주의 애런 배들레이도 2009년 월드골프챔피언십 CA챔피언십 2라운드에서 그와 관련된 기본적인 골프규칙을 간과해 실격당했다.

배들레이의 티샷이 3번홀(파4) 워터해저드에 떨어졌다. 물이 빠져칠 수 있는 상황이었다. 그는 1타를 아끼려고 해저드 내 볼에 다가갔는데, 이때 참외만한 돌멩이가 스탠스를 취하는 데 방해가 되자 그것을 발로 치운 뒤 샷을 했다. 당시는 그냥 넘어갔다. 공교롭게도 3라운드 때도 그 홀에서 볼이 그 자리에 떨어졌다. 배들레이는 샷을 한 뒤 경기위원에게 "내가 스탠스를 취할 때 돌멩이를 움직였나요?"라고 물었다. 경기위원은 "고의로 그러지 않았으므로 괜찮다."라고 해석했다. 배들레이는 이어 "2라운드 때에도 비슷한 상황에서 돌멩이를 치운 뒤 샷을 했는데요."라고 말했다. 그러자 경기위원은 "스탠스를 취할 때 우연히 돌멩이를 건드렸냐, 고의로 돌멩이를 치웠냐에 따라 달라진다."라고 했고, 배들레이는 "스탠스에 방해가 돼 치웠다."라고 답변했다. 경기위원은 "2벌타."라고 했다. 당연히 배들레이는 그 홀 스코어에 2벌타를 가산하지 않은 채 스코어 카드를 냈으므로 '스코어 오기(誤記)'로 실격당했다. 배들레이는 "이런 경험은 처음이다. 대회가 끝난 뒤가 아니라 대회 도중 안 것이 천만다행이다."라며 자위한 뒤 3라운드 도중 코스를 떠났다.

볼이 해저드에 빠질 경우 그 안에 있는 루스 임페디먼트를 접촉하거나 움직이면 2벌타가 따른다. 다만, 볼을 치기 위해 들어갈 때처럼 고의성 없이 우연히 움직인 경우는 예외다.

볼이 벙커 모래 속에
파묻힐 경우 누구의 볼인지
확인할 수 있을까

볼이 벙커 모래 속에 파묻혀 보이지 않을 때가 있다. 이 경우 2007년까지는 '볼이 있는지 없는지 알 수 있을 정도'까지만 모래를 헤칠 수 있었다. 그래서 볼이 보이면 누구의 볼인지를 따지지 않고 그냥 벙커샷을 해야 했다. 그래서 오구(誤球)를 쳐도 벌타가 없었고 자신의 볼을 찾아 다시 칠 수 있었다. 그러나 2008년 이후 적용되는 규칙에서는 볼 유무를 확인하는 것을 넘어 누구의 볼인지 확인할 수 있도록 개정되었다. 모래를 헤쳐 볼이 있는 것을 알았으면 동반자에게 통보하고 마크한 후 볼을 집어들어 자신의 볼인지 확인할 수 있다. 그러고 나서 볼이 조금 보일 정도까지 모래를 다시 덮어놓은 후 샷을 해야 한다. 따라서 벙커에서 오구를 치는 것은 더 이상 허용되지 않는다. 오구를 치면 2벌타가 따른다. 벙커에 빠진 볼이 모래에 묻혔을 때에는 다음과 같이 처리한다. ① 볼이 보일 때까지 모래를 헤친다. ② 볼이 보이지만 누구의 볼인지 모를 경우 동반자에게 통보하고 마크한 후 볼을 집어올린다. ③ 자신의 볼임이 확인되면 볼을 리플레이스한다. 그러고 나서 볼 윗부분 일부만 드러나도록 모래를 덮는다. ④ 벙커샷을 한다.

〈규칙 12-2, 15-3〉

● 볼을 모래 속에 다시 묻어야 하는 심정

2008년 1월 하와이에서 열린 미국PGA투어 메르세데스챔피언십 1라운드 첫 홀에서 나온 일. 찰스 하웰3세가 친 볼이 벙커 모래 속에 묻혀버렸다. 겉으로는 도저히 확인할 수 없는 상황.

바로 그해부터 규칙이 개정된 것을 안 하웰3세는 조심스럽게 모래를 파헤쳤다. 마침내 그 볼이 자신의 볼임을 확인할 수 있었다. 그다음이 문제였다. 볼을 확인한 만큼 이제는 볼을 원래 상태에 근접하게 돌려놓아야 한다. 물론 하웰3세는 최대한 주의를 기울여 볼을 모래 속에 묻었는데 그의 말이 걸작이다.

"내 생애에 그처럼 모래에 깊이 묻힌 볼을 꺼낸 적도, 그리고 다시 묻어야 한 적도 처음이었다. 볼을 다시 묻어야 할 때의 울적한 심정이란…."

어쨌든 하웰3세의 처리는 정확했다. 확인하지 않고 벙커샷을 했는데 그것이 다른 볼임이 밝혀졌다면 오구 플레이로 2벌타를 받아야 하고, 그 사실을 모른 채 다음 홀 티샷까지 했더라면 실격감이었다.

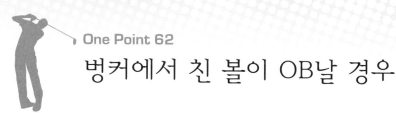

벙커에서 친 볼이 OB날 경우

OB가 날 경우 1벌타를 받은 후 그 볼을 앞서 플레이한 지점과 되도록 가까운 곳에서 플레이해야 한다. 그리고 그곳이 스루 더 그린이나 해저드(벙커·워터해저드)일 경우 드롭하고 쳐야 한다. 따라서 벙커에서 친 볼이 OB가 될 경우에도 종전에 쳤던 벙커 내 지점에 드롭을 하고 플레이하면 된다.

드롭을 해야지, 볼이 모래 속에 묻힐까 봐 살짝 플레이스하는 것은 안 된다. 또 이 경우 볼을 친 뒤인 데다 볼이 벙커 내에 없고, 볼을 집어 올린 것이 아니라 플레이한 것이었으므로 모래를 정리한 뒤 드롭을 해도 상관없다. 드롭하기 전 연습스윙을 하면서 클럽헤드가 모래에 접촉하거나 모래 상태를 테스트해도 괜찮다.

요컨대 벙커에서 친 볼이 OB가 날 경우 1벌타를 받고 발자국이나 친 자국을 정리한 뒤 벙커에 드롭하고 플레이를 속개하면 된다. 분실될 경우도 마찬가지다. 〈규칙 13-4, 20-5, 27-1, 재정 13-4/37〉

● 알아야 면장

2009년 4월 제주 라헨느CC에서 열린 한국여자프로골프 김영주골프여자오픈 1라운드 때의 일이다. 이름이 잘 알려지지 않은 한 선수가 벙커에서 친 볼이 OB가 났다. 그 선수는 쳤던 자리를 평평하게 정리한 뒤 볼을 드롭하고 다음 샷을 했다.

그때 동반플레이어가 "그 상황에서 모래를 정리하면 안 된다."라며 클레임을 걸었고, 두 선수가 옥신각신하느라 경기는 한참 중단됐다. 이 경우 동반플레이어가 잘못 안 것이다. 벙커에서 OB를 낸 선수는 동반플레이어의 무지 때문에 시간을 허비한 셈이 됐다.

One Point 63

벙커에서 연습스윙
할 수 있을까?

연습스윙은 벙커나 워터해저드 등 어느 곳에서도 할 수 있다. 연습 스윙은 연습스트로크가 아니므로 규칙에 저촉되지 않는 한 어느 장소에서 해도 좋다. 단, 연습 도중 클럽헤드가 모래에 닿으면 2벌타가 따른다. 간혹 초보자들 중 벙커에서 연습스윙을 하며 클럽헤드로 모래를 치는 경우가 있는데, 그럴 때 '골프 선배'들이 엄중히 지적해주어야 한다. 초보 시절부터 그런 습관이 배면 나중에도 그 유혹을 떨치기 어렵기 때문이다.　　　　　　　　　　　　　　　〈규칙 13-4〉

Real story

● 해저드 내 연습스윙, 가능하지만 조심하라

몇 년 전 한 골퍼한테서 들은 얘기. 초보였던 그 골퍼는 역시 입문한 지 얼마 안 되는 친구들과 라운드를 했다. 그런데 벙커에서 샷을 하기 직전 연습스윙(물론 허공에서 클럽헤드를 휘두름)을 하자 동반자들이 "벙커에서는 연습스윙을 하면 안 된다고 들었다."라며 조심하라고 말했다.

그 골퍼는 규칙에 대해 자신이 없어 일단 동반자들의 말을 따랐다. 그런 뒤 기자한테 그 사실을 들려주었다. 벙커나 워터해저드 등 코스 어디에서든 연습스윙을 할 수 있다.

다만 연습스윙을 하다가 나뭇잎이 떨어지면 벌타를 받을 수 있고, 클럽헤드가 해저드 내 지면(수면)에 닿을 경우 2벌타가 따르므로 조심해야 한다.

One Point 64

벙커에서 치기 전에 모래를 평평하게 고르면 2벌타

벙커샷을 하기 전에 모래를 평평하게 골랐다면 모래 상태 테스트로 2벌타가 따른다. 벙커 내 발자국은 친 뒤에만 고를 수 있다.

〈규칙 13-4〉

Real story

🔵 트레버 이멜만, 모래를 친 대가

2008년 남자골프 첫 메이저대회인 마스터스토너먼트 챔피언은 남아공의 트레버 이멜만이었다. 이멜만은 그해 12월 고국에서 열린 네드뱅크챌린지에 출전했다. 4라운드 14번홀(파5)에서 사단이 났다. 벙커샷을 했는데 실수하여 볼이 벙커를 탈출하지 못하자 클럽헤드로 모래를 친 것.

화가 나서 그랬겠지만, 이멜만에게는 2벌타가 기다리고 있었다. 해저드 상태 테스트 또는 모래에 접촉한 것이기 때문. 그 홀 스코어는 트리플 보기가 됐고, 대회 마지막 날 후반에 2벌타를 받은 이멜만은 12명 가운데 10위에 그치고 말았다. 이멜만은 더욱이 2007년 그 대회 챔피언이었다.

● 로리 매클로이, 발로 모래를 고른 것 뿐인데

2009년 마스터스토너먼트에 출전한 10대 골퍼 가운데 스포트라이트를 가장 많이 받은 선수는 유러피언투어의 '샛별' 로리 매클로이였다. 매클로이는 10대 선수 세 명 가운데 유일하게 커트를 통과, 첫 출전인데도 공동 20위의 좋은 성적을 냈다.

그런 매클로이가 그 대회에서 소중한 경험을 했다. 바로 2라운드 18번홀(파4)에서 얻은 교훈이었다. 매클로이는 벙커샷을 한 뒤 발로 모래를 '대충' 정리하는 버릇이 있다. 매클로이뿐 아니라 많은 선수들이 그렇게 한다.

물론 나중에 캐디가 고무래로 발자국을 정리하지만, 그에 앞서 선수가 발로 대충 정리해 놓으면 캐디가 조금 편할 것이라는 배려에서다. 그날도 예외는 아니었다. 매클로이는 18번홀 그린사이드 벙커에서 샷을 한 뒤 예의 그 동작(오른발)으로 모래를 평평하게 했다. 문제는 볼이 벙커를 탈출하지 못했다는 점에서 불거졌다. 아직 볼이 벙커에 있는 상태에서 플레이어는 조심해야 한다.

먼저 샷한 자국을 고무래로 평평하게 할 수는 있으나, 만에 하나 다음 벙커샷을 한 볼이 그곳에 멈추면 2벌타를 받는다. 또 클럽이나 발로 모래 상태를 테스트해서도 안 된다. 매클로이가 볼이 벙커에 있는 상황에서 발로 모래를 정리한 행동은 자칫 해저드 상태 테스트로 오인될 수 있는 행동이었다. 매클로이는 "그냥 내 습관대로 모래를 정리했을 뿐이다."라고 말했지만, 그 상황이 여러 사람들 입에 오르내리면서 급기야 경기위원회에서도 그 장면을 조사하기로 했다. 2라운드가 끝난 한참 뒤였다. 만약 모래 상태 테스트로 입증되면 벌타를 넘어 실격을 받을 수도 있는 긴박한 상황이었던 것.

경기위원회는 매클로이를 불러 직접 얘기를 듣고, 나아가 녹화테이프를 돌려 면밀히 검토했다. 매클로이는 그 조사에서 "다른 뜻은 없었고 평소 하던 대로 캐디의 편의를 위해 모래를 가지런히 했을 뿐이다."라고 거듭 주장했다. 또 모래 상태 테스트가 되려면 '키킹'(kicking, 발을 모래에서 든 뒤 다시 모래 속에 처박는 행위)을 해야 하는데, 자신은 그냥 모래를 '고르기'(smooth)만 했다고 덧붙였다.

경기위원들도 심사숙고 끝에 "매클로이가 발로 고르는 과정에서 모래가 조금 튀긴 했으나 단순히 모래를 정리한 행동으로 보인다."라고 결론을 내고 매클로이에게 무죄를 선언했다. 매클로이로서는 큰일 날 뻔한 상황이 무사히 지나간 셈. 벙커샷을 실패해 볼이 벙커에 그대로 머물러 있는 상황에서 클럽헤드로 모래를 치거나 발로 모래를 차서 벌타를 받은 사례는 많다.

캐리 웹이 그랬고, 트레버 이멜만도 그랬다. 매클로이도 조금 동작이 컸더라면 영락없이 벌타를 받았을 터이고, 스코어 카드를 제출한 뒤이기 때문에 벌타를 반영하지 않은 스코어 카드를 낸 죄(스코어 오기)로 실격의 불명예를 당했을 것이다.

One Point 65

벙커샷 실패 후
모래를 정리할 수 있을까

큰 벙커에서 친 볼이 5m 정도 전진하는 데 그치며 벙커를 벗어나지
못했다. 이 경우엔 친 뒤이기 때문에 자신의 발자국을 고무래 등으로
고를 수 있다. 단, 다음 벙커샷이 자신이 고른 지역에 떨어지면 라이
개선으로 2벌타가 부과된다. 〈규칙 13-4〉

Real story

● 송보배, 경기위원도 착각할 때가 있다

2005년 10월 제주 클럽나인브릿지에서 열린 미국LPGA투어 CJ나인
브릿지클래식 2라운드 18번홀(파5). 송보배가 그린 왼쪽 벙커에서 샷
을 한 볼이 벙커를 나가지 못하고 다시 그 벙커에 멈췄다. 송보배가
두 번째 벙커샷을 하기 전에 그 캐디가 처음 벙커샷을 한 자리를 고
무래로 골랐다. 동반플레이어가 "벌타가 아니냐."라며 항의하자, 미국
LPGA투어 경기위원은 송보배에게 2벌타를 부과했다. 그러나 송보배
는 스코어 카드를 제출하기 전 한국여자프로골프협회 경기위원의 조
언을 받아 다시 미국LPGA투어 경기위원에게 어필했고, 미국LPGA투
어는 회의를 소집한 끝에 결국 그 벌타를 취소했다. 볼을 친 뒤이기

때문에 벌타가 따르지 않는 것이 맞다. 단, 송보배가 두 번째 벙커샷을 한 볼이 캐디가 평평하게 한 곳에 멈췄다면 벌타를 받아야 한다.

● 박노석, 선수도 경기위원도 다 몰라서 벌타

그런가 하면 그해 10월 레이크사이드CC 서코스에서 열린 한국프로골프 신한동해오픈 2라운드에서 박노석은 억울한 벌타를 받았다. 파 4홀로는 짧은 편인 9번홀 그린 왼쪽 벙커에서 첫 번째 벙커샷을 탈출시키지 못하자 그의 캐디가 벙커샷을 한 곳을 골랐다. 이 장면을 지켜보던 경기위원은 박노석에게 2벌타를 부과했고, 박노석은 잠시 헷갈렸던지 변변하게 항의도 못해 보고 불이익을 감수해야 했다. 선수도, 경기위원도 잘 몰라서 발생한 해프닝이라고나 할까.

● 스콧 던랩, 용서받지 못할 뻔한 경기위원

1999년 2월 남아공에서 열린 남아공투어 디멘션데이타프로암대회 최종라운드 때 있었던 일. 스콧 던랩과 경기위원 간에 18번홀 그린사이드 벙커에서 발생한 일을 두고 논란을 벌였다. 던랩의 어프로치샷이 벙커에 빠졌는데 첫 벙커샷이 10야드 전진하는 데 그치며 그 벙커를 탈출하지 못했다. 그때 그의 캐디가 벙커샷을 한 자리를 고무래로 골랐다. 이 광경을 지켜보던 경기위원은 던랩에게 2벌타를 부과했다. 그러자 던랩은 "벌타가 아니다."라며 강력 항의했고, 경기위원은 영국왕립골프협회(R&A)에 전화를 해서 물어보는 촌극이 벌어졌다.

"친 뒤이기 때문에 벌타가 아니다."라는 R&A의 해석을 듣고 경기위원은 판정을 번복, 벌타를 취소했는데 하마터면 던랩만 피해를 볼 뻔했다. 던랩은 우승트로피를 안은 뒤 "3타 차로 우승하나 5타 차로 우승하나 큰 차이는 없겠지만, 만약 1타차로 우승과 2위가 갈리는 상황이었다면 경기위원을 용서할 수 없었을 것이다."라며 서운한 감정을 숨기지 않았다.

One Point 66

벙커샷을 하려는데 나비가
볼 위에 앉을 경우

나비는 곤충이므로 루스 임페디먼트다. 루스 임페디먼트는 스루 더 그린에서는 벌 없이 치울 수 있다. 스루 더 그린에서는 볼 위에 앉아 있는 나비나 벌레를 손으로 집어낼 수 있는 것이다. 단, 해저드(벙커 · 워터해저드)에서는 손으로 집어낼 수 없다. 볼과 루스 임페디먼트가 동일한 해저드에 있을 경우 제거할 수 없다는 규정 때문이다. 그러나 손이나 수건 등으로 바람을 일으켜 쫓아버리는 것은 어디에서든 할 수 있다. 〈재정 23-1/5, 5.5〉

Real story

● 벙커에선 볼 위 벌레 집어내면 안 된다

2006년 4월 미국PGA투어 셀휴스턴오픈 4라운드 18번홀(파5) 그린 사이드 벙커. 스튜어트 애플비의 두 번째 샷이 그곳에 들어갔다. 벙커 샷을 하려고 보니 볼 위에 벌레가 앉아 있었다. 그는 입으로 훅 불어 벌레를 떼어냈다. 만약 손으로 벌레를 제거했더라면 2벌타를 받을 뻔한, 아찔한 순간이었다. 위기를 잘 넘긴 스튜어트는 결국 우승컵까지 안았다.

One Point 67

벙커와 워터해저드 내 '움직일 수 없는 인공장해물' 처리는 다르다

이 항목을 알 정도면 골프규칙에 관한 한 수준급이라고 자부해도 좋다. 벙커에 있는 장해물은 구제를 받는다. 벙커 내 스프링클러 덮개나 배수구, 나무(콘크리트)로 된 계단이나 징검다리 옆에 볼이 멈추면 그것을 피한 지점에 드롭하고 치면 된다. 그러나 워터해저드 내 장해물은 구제받을 수 없다. 수리 시설이나 다리 등이 대표적이다. 볼이 워터해저드 내 다리 위에 멈추면 그대로 치든가, 워터해저드 처리를 하든가 해야 한다.

다리 위 볼을 그대로 칠 경우 어드레스 때나 백스윙 때 클럽헤드가 다리에 닿아도 된다. 다리 자체는 지면(수면)이 아니라 장해물이기 때문이다. 볼이 워터해저드 안에 있고, 인접한 해저드 표시 말뚝이 뽑히지 않을 경우 그 말뚝은 '해저드 내 움직일 수 없는 인공장해물'이므로 그대로 두어야 하는 것도 마찬가지다.

〈규칙 13-4, 26-1, 재정 13-4/30〉

● Bridge over troubled water – 워터해저드 내 다
리엔 클럽 댈 수 있다

2007년 2월 미국 캘리포니
아주 페블비치에서 열린 미
국PGA투어 AT&T페블비치
내셔널프로암대회. 카를로스
프랑코는 2라운드 때 포피힐
스CC에서 플레이했는데 2
번홀(파3)에서 티샷이 워터
해저드 내 다리 위에 멈췄다.

벌타 없이 그냥 쳐도 되고, 워터해저드 처리를 하고 페널티 드롭을 할
수도 있는 상황. 프랑코는 그냥 치는 옵션을 택했다. 그 경우 연습스윙
때 클럽헤드가 다리를 쳐도 좋고, 어드레스 때 다리에 닿아도 상관없
다. 그런 유리한 점이 있었는데도 프랑코는 그 홀에서 더블보기를 했
고, 그날 77타를 치고 말았다. 그 대회 특성상 3라운드 후 커트탈락하
며 상금을 한 푼도 받지 못했다.

● 백전노장 토미 나카지마의 'hovering'

2005년 11월 일본골프투어 던롭피닉스대회 4라운드 11번홀(파3). 토
미 나카지마의 티샷이 워터해저드로 향했다. 가 보니 볼은 워터해저드
내 배수구 덮개인 인조 매트 위에 멈춰 있었다. 나카지마는 클럽헤드
를 공중에 띄운 상태로 샷을 했는데, 이 경우 인조 매트는 인공장해물
이므로 워터해저드 안이라도 그곳에 클럽헤드를 대고 샷을 할 수 있
다. 백전노장도 미처 거기까지는 생각지 못한 모양이었다. 나카지마는
1978년 마스터스토너먼트 때 오거스타내셔널GC 13번홀(파5)에서 그
홀 역대 최다 타수인 13타를 친 선수다. 그해 브리티시오픈에서는 세

인트 앤드루스GC 올드코스 17번홀(파4) 그린사이드 벙커에서 네 번만에 탈출한 끝에 9타를 쳐 그 벙커를 '나카지마 벙커'라고도 부르게 한 장본인이다.

● 공부 좀 하세요, 해설자

2004년 10월 영국 웬트워스클럽에서 열린 유러피언투어 HSBC월드 매치플레이챔피언십 결승. 어니 엘스와 리 웨스트우드가 맞붙었다. 웨스트우드의 볼이 7번홀 워터해저드에 있는 나무다리 위에 멈췄다. 그 볼을 치기로 작정한 웨스트우드는 연습스윙을 하면서 클럽헤드로 다리를 건드렸다. 이때 중계방송사 해설자가 놀라면서 "규칙 위반이다." 라고 말했으나 사실은 해설자가 혼동한 것이다. 워터해저드 내 인공장해물은 어드레스 때나 연습스윙 때 클럽헤드로 접촉해도 상관없기 때문이다. 웨스트우드는 몇 년 전에도 비슷한 상황을 접촉해본 적이 있어 규칙을 잘 알고 있던 터였다. 경기 결과는 엘스의 2&1 승.

● 우정힐스CC 13번홀에서 생긴 일

우정힐스CC의 시그너처 홀이라고 할 수 있는 13번홀(파3). 언젠가 라운드하던 중 동반플레이어의 볼이 아일랜드 그린 너머 다리 위에 멈췄다. 다리는 워터해저드 안이었다. 동반자는 알면서도 그랬는지, 정말 몰라서 그랬는지 "어떻게 해야 하느냐?"라고 물어왔다. 구제를 받을 수 없겠느냐는 눈치였다. 그러나 그곳은 엄연한 워터해저드 안이 아닌가. 그래서 "다리 위에서 그냥 치든가, 아니면 워터해저드 처리를 하라."라고 답해준 적이 있다. 보기를 한 것으로 기억하는데, 동반플레이어로서는 선방한 셈이었다. 다만, 클럽헤드를 다리에 댈 수 있다는 사실을 알았더라면 파까지 가능하지 않았나 하는 생각을 해본다.

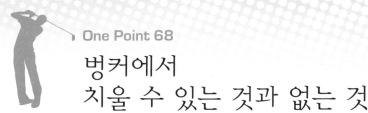

벙커에서
치울 수 있는 것과 없는 것

움직일 수 있는 인공장해물은 치울 수 있다. 병마개 · 비닐봉지 · 담배꽁초 · 고무래 등은 치울 수 있다. 그러나 볼과 함께 그 벙커에 있는 루스 임페디먼트는 치울 수 없다. 솔방울 · 돌멩이 · 낙엽 등이 그것이다. 돌멩이의 경우 부상위험이 크거나 그 코스 벙커에 많이 분포해 있을 땐 로컬룰로써 치울 수 있도록 할 수도 있으나, 원칙적으로는 치울 수 없다. 〈규칙 13-4, 24-1, 로컬룰A 5b〉

Real story

● 비싼 수업료를 치른 미셸 위

2006년 8월 미국LPGA투어 브리티시여자오픈 2라운드 14번홀에서 일. 미셸 위의 볼이 그린사이드 벙커에 빠졌다. 벙커샷을 하려고 보니 볼 뒤에 이끼 조각이 날아와 있었다. 미셸 위는 무심코 벙커샷을 했는데, 그만 백스윙 도중 클럽헤드가 그 이끼 조각을 건드리고 말았다. 그는 그런 행동이 규칙 위반이라는 것을 라운드 후 알았으나, 경기위원은 가차 없이 그에게 2벌타를 부과했다. 날아온 이끼 조각은 루스 임페디먼트다. 미셸 위는 '스트로크하기 전에 볼과 함께 동일한 해저드에 있는 루스 임페디먼트를 접촉하거나 제거할 수 없다'는 규칙을 위반한 것. 백스윙은 스트로크 동작이 아니므로 벌타가 주어진다. 미셸 위는 그 홀에서 트리플 보기를 하며 순위가 밀려났다.

● 제이 하스, 무식? 아니면 무신경?

제이 하스는 미국PGA투어에서 9승을 거둔 뒤 2005년 챔피언스(시니어)투어에 들어와 10승 이상을 올리고 있는 '베테랑' 선수다. 하스는 2009년 2월 챔피언스투어 에이스그룹클래식 1라운드 10번홀까지 버디만 5개 잡고 선두로 잘 나갔다. 그때까지 플로리다주에서 열린 대회에서 단 1승도 못 올린 하스는 '이번에는 뭔가 이룰 것 같다'는 예감이 들었다. 그러나 12번홀(파5)에서 일이 터지고 말았다. 볼이 해저드에 빠졌지만, 칠 수 있을 것 같아 샷을 했는데 좀 이상했다. 백스윙 도중 클럽헤드가 바닥에 떨어져 있는 솔잎을 건드리고 만 것. 찜찜한 마음을 가늘 길 없었던 하스는 13번홀에서 경기위원을 불러 얘기했고, 경기위원은 "해저드에서는 스트로크하기 전에 클럽헤드가 '루스 임페디먼트'(낙엽 · 솔방울 · 돌멩이 등)를 건드리면 안 된다."라며 2벌타를 부과했다.

5언더파가 졸지에 3언더파가 되면서 하스는 첫날 경기를 공동 선두권에 1타 뒤진 3언더파 69타의 공동 3위로 마칠 수밖에 없었다. 하스는 상심했던지, 2라운드 들어서도 전반에만 41타를 치며 무너지기 시작했다. 2벌타의 여진은 최종일까지 미쳤고, 그는 결국 3라운드합계 3오버파 219타의 공동 29위로 대회를 마무리했다. 당시 프로데뷔 35년째로 산전수전 다 겪었을 법한 그였으나 기본적인 규칙을 간과함으로써 순식간에 우승 기회를 날려버리고 말았다.

● 미야자토 아이, "벙커 내 돌멩이를 집어던지네요!"

2009년 7월 열린 미국LPGA투어 에비앙마스터스. 미야자토 아이와 소피 구스타프손이 연장 승부를 펼쳤다. 연장 첫 홀(파5)에서 미야자 토의 두 번째 샷이 그린 주변 벙커에 빠졌는데, 그는 세 번째 샷을 하기 전에 벙커에서 돌멩이 같은 것을 집어 밖으로 던졌다. 이를 본 국내 방송사 해설자가 "저러면 벌타인데요…."라고 말했다고 한다. 그 이튿날 한 독자한테서 메일로 질문이 들어왔다. "미야자토의 행동이 벌타감인지 아닌지 알려 달라."는 게 그 요지였다. 기자는 일단 "미야 자토가 던진 것이 돌멩이인지 다른 것인지를 알아야 하고, 그 대회에서 돌멩이를 움직일 수 있는 장해물로 간주하는 로컬룰이 있는지 없는지도 알아야 한다. 미야자토에게 벌타가 주어지지 않은 것으로 보아 벌타가 따르는 행동은 아닌 것 같다."라고 답해주었다.

나중에 그 대회에 출전했다가 돌아온 서희경에게 물어보니 "돌멩이 를 움직일 수 있는 장해물로 간주하도록 하는 로컬룰이 있었다."라는 답변이 돌아왔다. 또 대한골프협회에 문의한 결과 영국에서 열리는 대부분 대회와 아시안투어에서도 그런 로컬룰을 적용하는 것이 일반적 이라고 했다. 미야자토의 경우 로컬룰이 있었기 때문에 집어던진 것이 돌멩이라도 상관없다.

One Point 69

벙커에 풀이 나 있는
지역은 벙커가 아니다?

벙커 안이나 측벽에 풀이 나 있는 곳은 벙커가 아니다. 따라서 그런 곳에 볼이 멈출 경우 클럽헤드를 바닥에 대도 상관없다. 연습스윙을 하면서 클럽헤드가 지면에 닿아도 좋다. 볼이 벙커에 있느냐 없느냐의 판단은 스탠스가 아니라 볼 위치를 기준으로 한다. 단, 벙커 가운데 풀이 한두 포기 나 있는 곳은 벙커로 간주된다.

〈규칙 2장 '용어의 정의' 9, 규칙 13-4〉

Real story

🏌 캐리 웹의 착각

2000년 5월 미국LPGA투어 퍼스타클래식 최종 라운드. 7번홀까지 선두를 달리던 웹은 미국 오하이오주 노스CC 8번홀(파5)에서 투온을 노려 샷을 했는데 그린 앞 벙커에 빠졌다. 당시 동반자인 김미현에 따르면 그 벙커는 길다란 형태로 중간에 러프가 턱처럼 튀어나왔다.

멀리서 보면 벙커 2개가 맞닿아 있는 듯했다. 웹의 볼은 그린까지 약 35야드 거리였다. 첫 번째 벙커샷은 15야드 전진하는 데 그쳤다. 중간의 턱을 넘었으나 여전히 벙커 안이었다. 웹이 착각한 순간이었다. 웹은 볼을 향해 걸어가다가 두 번째 벙커샷 직전 무심코 클럽헤드로 모래를 쳤다. 턱으로 인해 벙커가 둘인 것으로 착각했거나, 친 볼이 턱위 러프에 멈췄을 것으로 오해했거나…. 김미현은 "샷한 볼이 중간 턱을 넘어 웹이 순간적으로 벙커를 탈출한 것으로 착각한 것 같다."라고 당시 상황을 전했다.

벙커와 벙커 사이에 있는 러프(풀)는 벙커가 아니기 때문이다. 어쨌든 웹은 벙커에서 샷을 하기 전에 클럽헤드를 모래에 접촉했으므로 2벌타를 받아야 했다. 그 홀에서 4온2퍼트로 보기를 한 웹은 2벌타를 가산, 트리플 보기를 적어내고 말았다.

물이 찬 벙커에 볼이 빠졌을 때

물이 가득 차 있는 벙커에 볼이 들어갈 경우 불운이라고 할 수 있다. 물 때문에 칠 수 없을 경우 골퍼가 불이익을 당하는 수밖에 없는 까닭이다. 이때 골퍼가 택할 수 있는 길은 세 가지다.

① 홀에 가깝지 않고 볼이 있는 곳에서 가장 가까운 곳으로서 물이 없거나 물이 얕은 곳에 벌타 없이 드롭한다 ② 1벌타를 받고 홀~볼을 연결하는 벙커 밖 후방선상에 드롭한다 ③ 언플레이어블 볼 선언을 하고 그 규정에 따라 처리한다.

벙커에 물이 찰 경우 1벌타후 '벙커 밖'으로 나오는 길은 두 가지가 있는 것이다. 〈재정 25-1b/8〉

● 타이거 우즈도 벙커샷 실수할 때가…

2007년 7월 브리티시오픈 4라운드 11번홀(파4). 타이거 우즈의 두 번째 샷이 물이 괸 벙커에 들어갔다. 우즈는 물이 없는 곳에 드롭하고 플레이를 속개했는데, 벙커샷을 실패하면서 보기로 홀아웃한 적이 있다. 이때 우즈가 벙커 밖으로 나오려면 1벌타를 받고 옵션 ②나 ③을 택할 수밖에 없었을 것이다.

One Point 71

동반플레이어의 디봇이 벙커 안 내 볼 옆에 날아와 멈추면?

친 볼이 벙커에 들어갔다. 그런데 다음 순간, 동반자가 세컨드샷을 하면서 떠낸 디봇(뜯긴 잔디)이 날아와 자신의 볼 옆에 떨어졌다. 처음과 지금의 라이가 달라진 것. 이 경우 그 디봇을 치운 뒤 샷을 할 수 있다. 플레이어는 '그 자신의 스트로크에 의한 결과가 그에게 주는 라이'를 그대로 받을 권리가 있다. 따라서 형평의 이념에 따라 플레이어는 그 디봇을 벌타 없이 치울 수 있다. 플레이어의 볼이 워터해저드에 있을 경우에도 똑같이 적용된다. 〈규칙 1-4, 재정 13-4/18〉

Real story

● 최경주, 경기위원의 착각

2003년 11월 남아공 조지의 팬코트CC에서 열린 남자골프 대륙대항전 프레지던츠컵. 최경주는 한국(계) 골퍼로는 처음으로 출전권을 얻어 타이거 우즈, 어니 엘스 등 내로라하는 선수들과 기량을 견줬다.

셋째 날 아담 스콧(호주)과 짝을 이뤄 포볼경기를 하던 최경주의 6번 홀(파4) 티샷이 벙커에 빠졌다. 그런데 미국 팀 제리 켈리가 세컨드 샷을 하면서 날린 디봇이 공교롭게도 최경주 볼 옆에 떨어졌다. 최경주는 캐디가 "달라."고 하는 바람에 무심코 그 디봇을 벙커 밖으로 집어 던진 뒤 샷을 했고, 볼은 사뿐히 그린에 올랐다. 그런데 경기위원이 그린으로 다가와 최경주에게 '홀 패(敗)'를 선언했다. '볼과 루스 임페디먼트가 동일한 해저드에 있을 때 루스 임페디먼트를 치워서는 안 된다'는 조항을 근거로 든 것. 최경주는 얼떨결에 판정을 받아들였으나 경기위원이 잘못 판정한 것이다.

이 경우 최경주의 행위는 잘못이 없다. 경기위원이 잘못 판정하는 사례는 국내에서도 자주 볼 수 있는데, 당사자인 선수에게는 치명적일 수밖에 없다. 다행히 그 매치에서 최경주–스콧 조는 미국 팀의 켈리–케니 페리 조에 5&4로 승리했다.

벙커 상태가 먼저 친 동반플레이어에 의해 변경된 경우

A와 B의 볼이 같은 벙커에 멈췄다. B의 볼이 홀에서 더 멀리 떨어졌다. 따라서 B가 먼저 플레이했는데 그의 볼이 A의 볼보다 홀에 더 가까이 가서 정지했다. 이 경우 A는 그 벙커를 최초의 상태로 회복하게 할 수 있다.

B가 어지럽힌 지역이 A가 다음에 스트로크하는 데 영향을 미칠 수 있다는 합리적 가능성이 있다면 그렇게 할 수 있다. 따라서 A는 형평의 이념에 따라 어지럽혀진 지역을 고무래 등을 이용해 최초의 상태로 회복시켜 놓을 수 있다. 이 때 벙커는 누가 회복해도 상관없다.

A가 B에게 그 지역을 고르라고 요구한 경우 A에게 벌은 없다.

〈규칙 1-4, 재정 13-4/19〉

● 자신의 라이를 받을 권리 있어

2007년 10월 한국오픈골프선수권대회 2라운드에서 일어났던 일이다. 우정힐스CC 16번홀(파3)에서 동반플레이어인 양용은과 김경태의 티샷이 그린 옆 벙커에 떨어졌다. 두 볼은 공교롭게도 인접해 있었다. 홀에서 먼 양용은이 먼저 벙커샷을 했는데, 그 바람에 김경태의 라이가 변경되자 양용은은 최초의 상태와 비슷하게 모래를 정리해주었다. 양용은이 안 할 경우 김경태가 자신의 라이를 최초의 상태로 회복해도 상관없는 일이다.

One Point 73

벙커에서 친 볼이 다시 굴러 내려오고 있는 도중에 할 수 있는 것은?

벙커 턱이 높은 상황에서 이런 일이 있을 수 있다. 벙커샷을 한 볼이 붕 떠서 나가는 듯했으나 벙커 턱 윗부분을 맞은 뒤 측벽(벙커 밖)을 타고 굴러 내려와 다시 벙커로 들어오는 사례인 것. 이때 공교롭게도 볼은 자신이 만든 발자국에 멈추기 일쑤다. 설상가상인 셈. 이 경우 영악한 골퍼들은 친 볼이 측벽을 타고 내려오는 동안 재빨리 자신이 만든 발자국을 발로 평평하게 해놓는다. 볼이 벙커 밖에 있는 동안은 얼마든지 허용되는 행동이다. 이 규칙만 잘 알아도 1타는 세이브할 수 있다. 〈규칙 13-4 예외②〉

Real story

● 요하킴 해그만의 임기응변

최근엔 카밀로 비예가스가 그린에 엎드려 퍼트 라인을 관찰하는 것으로 유명한데, 그런 행동의 원조는 요하킴 해그만(스웨덴)이 아닌가 한다. 그런 해그만이 2004년 7월 로열트룬GC에서 열린 브리티시오픈에 출전해 임기응변을 보여주었다. 한 홀에서 벙커샷을 했는데 짧아 볼이 언덕을 타고 다시 벙커로 굴러 들어오고 있었다. 볼이 어쩌면 그가 남긴 발자국에 들어갈 수도 있는 상황. 해그만은 재빨리 그가 남긴 발자국을 두 발로 평평하게 골랐다. 규칙 위반이 아닌 기지였음은 물론이다. 규칙은 볼이 벙커 밖에 있는 동안엔 모래를 고를 수 있도록 돼 있다.

● 벙커 안과 밖의 차이

한 아마추어 초보 골퍼가 벙커샷을 했다. 볼은 벙커 밖으로 나가는 듯했으나 벙커 턱 위에서 맴돌고 있었다. 그 골퍼는 실망한 나머지 클럽으로 연습스윙을 하면서 모래를 쳤다. 그 직후 밖으로 나가 맴돌던 볼이 굴러서 벙커로 되돌아왔다. 동반자는 규칙 위반이라고 주장했다. 누가 맞을까.

이 경우 연습스윙을 하는 시점에서는 볼이 벙커 안에 없었기 때문에 규칙 위반이 되지 않는다. 다만, 볼이 굴러서 벙커로 올 때까지도 클럽을 모래에 대고 있었다면 규칙 위반으로 2벌타를 받는다.

One Point 74

볼이 물에 빠져 흘러갈 경우 쳐도 될까

볼이 수중에 있을 때에는 움직이는 볼을 칠 수 있다. 물에 빠진 볼이 흘러서 OB가 될 경우 OB가 된다. 이 경우엔 1벌타 후 종전 쳤던 곳에서 다음 샷을 하면 된다. 〈규칙 14-6〉

Real story

● 물과 함께 사라지다?

갑과 을이 플레이를 했다. 갑이 한 홀에서 친 티샷이 개울에 빠졌다. 가서 보니 잘하면 칠 수 있을 것 같은데 개울이 흐르고 있었다. 볼도 함께 내려가고 있었지만, 갑은 '언젠가 멈추겠지!' 하는 생각으로 개울을 따라 내려갔다.

그런데 웬일인가. 개울과 함께 흘러 내려가던 볼은 어느새 OB지역에 멈추는 것이 아닌가. 갑은 볼을 집어 들고 처음 개울에 빠진 지점으로 가 워터해저드 처리(1벌타)를 하려고 했는데, 을은 "그게 아니라 OB다."라고 하지 않는가. 누구 말이 맞을까. 이 경우 을이 맞다.

갑은 OB(스트로크와 거리의 벌) 처리를 하고 티잉그라운드로 돌아가 다시 티샷(3타째)을 해야 한다. 볼이 처음에 워터해저드에 빠졌더라도 흘러서 OB에 멈췄다면 OB가 되는 것이다. 갑이 벌타를 최소화 하려 했다면 볼이 개울을 따라 흐르고 있을 때(워터해저드 안에 있을 때) 물속으로 들어가 샷을 하든가, 물속(코스)에 있는 볼을 집어 들어 1벌타 후 워터해저드 처리를 했어야 했다. 그 반대로 티샷이 처음에는 OB로 날아갔는데 그 옆을 흐르던 개울을 따라 코스 안으로 들어왔다 면 워터해저드 처리를 하면 된다.

One Point 75

워터해저드의 생장물을
건드려도 될까

워터해저드에서는 스트로크 전 지면이나 수면을 터치하는 것은 안 된다. 그러나 어드레스 때나 백스윙 때 클럽헤드가 긴 풀이나 나무 등에 닿는 것은 무방하다.

워터해저드에서는 클럽헤드가 풀이나 나무 등에 조금이라도 닿아서는 안 된다고 생각하는 골퍼가 많으나 그렇지 않다. 그렇다면 풀이 길 경우 어떻게 백스윙을 한단 말인가. 풀에 닿지 않으려는 나머지 클럽헤드를 볼에서 30cm 이상 띄운 채 백스윙을 한다면 정확성에서 문제가 생길 것이 뻔하다.

그럴 필요 없다. 지면이나 수면에만 닿지 않으면 된다.

〈규칙 13-2, 4 주, 18-2a〉

● 단순한 접촉은 무벌타

1996년 10월 한양CC에서 열린 한국여자오픈 때의 일. 한 선수의 볼이 워터해저드에 빠졌다. 그 선수가 볼을 치기 전에 볼 곁에 있는 살아 있는 풀에 접촉하여 논란이 된 적이 있다. 그러나 이 경우 볼을 움직이거나 라이를 개선하지 않는 한 접촉한 것만 가지고는 벌타가 주어지지 않는다. 그 선수가 풀에 접촉하면서 볼을 움직였다면 1벌타를 받은 뒤 볼을 제자리에 놓아야 하고, 라이를 개선했다면 2벌타가 따른다.

벌타

무벌타

One Point 76

워터해저드에서 뽑히지 않는 말뚝이 방해될 때

워터해저드의 한계를 정한 말뚝이 뽑히지 않는다. 플레이어의 볼이 워터해저드 안에 있는데 그 말뚝이 플레이어의 스윙이나 스탠스를 취하는 데 방해가 된다. 이 경우 구제받지 못한다. 그 말뚝은 워터해저드 내 움직일 수 없는 장해물로 간주된다. 따라서 플레이어는 볼이 있는 그 상태대로 플레이하거나 워터해저드 처리를 하지 않으면 안 된다. 단, 그 말뚝이 뽑힐 경우엔 뽑고 쳐도 좋다.

〈규칙 20-2c, 24-2 주1, 재정 33-8/15〉

Real story

● 팀 클라크, 스탠스가 해저드 안이면 그냥 쳐라

꼭 부합되지는 않으나 참고할 만한 사례가 있다. 2008년 5월 미국 텍사스주 콜로니얼CC에서 열린 미국PGA투어 크라운플라자 인비테이셔널에서 발생한 일. 남아공의 팀 클라크는 한 홀에서 샷을 한 것이 워터해저드에 들어갔다. 해저드 처리를 하고 1벌타 후 드롭했는데 볼이 굴러서 다시 해저드 쪽으로 가는 것이 아닌가. 볼은 해저드 경계선을 넘지 않았으나 그 부근에 멈췄다. 그런데 그 볼을 치려고 하니 스탠스가 고약했다. 스탠스는 해저드 안에 취할 수밖에 없었는데, 발아래가 바로 바위여서 까딱 잘못하면 물속으로 빠질 수도 있었던 것. 클라크는 "재드롭하면 안 되나?"라고 물었다. '스탠스가 해저드 안에 있으니 재드롭할 수도 있지 않으냐?'는 뜻이렸다. 그러나 드롭한 볼이 다시 해저드에 들어가지 않았고, 두 클럽 길이를 벗어나지 않았으므로 재드롭 사유가 안 된다. 해저드 안에 스탠스를 취하고 샷을 하는 수밖에 없었다.

One Point 77

워터해저드에서
언플레이어블 볼
처리할 수 있을까

워터해저드에 있는 볼은 언플레이어블 볼 처리를 할 수 없다. 볼을 그냥 치거나 1벌타 후 워터해저드 처리를 해야 할 뿐이다. 이 부분도 잘못 알고 있는 골퍼들이 많다. 만약 워터해저드에 있는 볼에 대해 언플레이어블 볼로 하고 플레이를 하면 3벌타가 부과된다. 워터해저드 처리를 해야 하는데도 불구하고 언플레이어블 볼을 선언하고 드롭하고 쳤으므로 오소 플레이로 2벌타를 받는 외에 워터해저드에 들어간 1벌타를 추가해야 하기 때문이다. 〈규칙 28〉

Real story

● 워터해저드에선 해저드 처리하라

아마추어 골프세계에서 흔히 있는 일이다. 볼이 워터해저드에 들어갔다. 물은 없지만 볼 옆이 진흙투성이거나 긴 풀이 나 있어 도저히 칠 수 없는 상황이다.

이런 경우 워터해저드 처리(1벌타 후 드롭)를 하면 간단하다. 그런데 많은 골퍼들이 "언플레이어블 볼 할게."라고 말한다. 워터해저드에서는 언플레이어블 볼 처리를 할 수 없다. 워터해저드 처리를 하면 될 뿐이다. 워터해저드에 들어간 볼에 대해 언플레이어블 볼 처리를 하겠다고 말하는 것은 '나는 규칙을 잘 모른다'는 것을 동반자들에게 알리는 것과 다름없다.

같은 해저드라도 벙커에서는 언플레이어블 볼을 부를 수 있다는 것과 혼동하지 말자.

표시되지 않은 도랑은
워터해저드로 간주

　도랑(폭이 좁은 작은 개울)이 코스(in bounds) 왼편에 있으나 워터해저드 표시가 안 돼 있다. 도랑의 왼쪽은 OB다. 공교롭게도 볼이 그 도랑에 빠졌다. 이 경우 도랑은 워터해저드 표시가 돼 있지 않아도 정의상 '래터럴 워터해저드'로 간주된다. 따라서 도랑에 빠진 볼은 그 상태대로 플레이하거나 워터해저드 처리를 하면 된다.

〈규칙 33-2a, 재정 26/3〉

Real story

● 간이 배수로에서 구제는 원칙적으로 No!

　여름철 장마에 대비해 페어웨이나 러프에 흙을 파 물길을 만들어놓은 골프장이 더러 있다. 콘크리트나 나무, 벽돌 등으로 만들어놓은 배수로가 아니라, 흙을 조금 파내 비가 많이 올 경우 물이 흘러가는 길을 만들어놓은 것.

　이처럼 움푹 파인 간이 배수로에 볼이 멈출 경우 구제를 받느냐 못받느냐로 논란이 되곤 한다. 원칙적으로는 구제받지 못한다. 남서울

CC 4번홀(파5)과 12번홀(파4) 오른편 러프(언덕)에 이 같은 곳이 있어 말썽이 되곤 한다. 한덕일 프로는 현역 시절 남서울CC에서 열린 한 대회에 나갔는데 2번홀에서 티샷이 오른편 언덕으로 날아갔다. 가 보니 볼이 흙이 움푹 파인 곳에 멈춰 있었다. 별다른 로컬룰이 없었기 때문에 그냥 칠 수밖에 없었다고 한다.

남서울CC 소속인 최상호 프로에 따르면 그 골프장에서는 대회를 많이 하기 때문에 그와 유사한 논란이 끊이지 않는다고 한다. 그래서 골프장 측에서는 최근 4번홀과 12번홀의 간이 배수로 부분을 아예 OB로 편입해버렸다. 그러나 그 골프장 14번홀(파5) 오른편 언덕(느티나무) 바로 아래에는 아직도 움푹 파인 곳이 있다.

아마추어 골퍼들의 경우 티샷이 조금 밀리면 볼이 그곳에 멈추는 일이 잦다. 그런 곳은 수리지 표시가 돼 있지 않거나, 로컬룰로 구제를 허용하지 않는 한 구제받을 수 없다. 따라서 경기위원회나 골프장 측에서는 그런 모호한 부분의 경계와 한계를 명확히 해놓아야 분쟁을 막을 수 있다.

해야 할 것과
하지 말아야 할 것

✚ 해야 할 것

- 볼에 자신의 볼임을 표시하는 마크를 한다.
- 잠정구를 치거나 분실에 대비, 다른 번호인 여분의 볼을 소지한다.
- 첫 샷 전 클럽 숫자를 헤아려본다. 그리고 플레이 시작 후에도 다시 한 번 점검한다.
- 골프백에 최신 골프규칙집을 넣고 다니면서 수시로 읽어본다.
- 매 홀 스코어 카드에 스코어를 적고 확인한다. 막 홀아웃한 그린 주변에서 하지 말고 홀과 홀 사이에서 한다.
- 부당한 슬로플레이를 하지 않는다. 항상 앞 조 위치를 체크하고, 자신의 위치도 파악해둔다.
- 분실 염려가 있는 볼을 찾을 때 허용 시간이 최대 5분이라는 사실을 염두에 둔다.
- 친 볼이 워터해저드 이외 지역에서 분실이나 OB 염려가 있을 때는 '선언'한 뒤 잠정구를 친다.
- 인플레이 볼을 집어들 때에는 먼저 구제 옵션을 면밀히 검토한다.
- 무벌타 구제 상황에서 도움받기 위해 '캐주얼 워터'나 '수리지' 개념을 알아둔다.
- 그린에서는 다음 골퍼를 위해 스파이크 자국을 메운 뒤 떠난다. 자신의 것이든 남이 남긴 것이든, 볼 마크도 수리한다.

✚ 하지 말아야 할 것

- 퍼팅 그린에서 마크하지 않고 볼을 집어드는 일. 작은 동전이나 볼 마커 하나면 된다.

- 퍼팅 그린을 벗어난 지점에 흩어져 있는 모래를 쓸어 치우는 일. 그린 밖에서 모래는 루스 임페디먼트가 아니다.

- 코스로 날아 들어온 드라이빙 레인지용 볼을 풀스윙으로 쳐 보내는 일. 꼭 돌려놓아야 한다면 손으로 살짝 던져준다.

- 먼저 친 동반플레이어에게 '몇 번 클럽을 썼느냐?'고 묻는 일. 동반플레이어의 골프백이 덮여 있다면 커버를 들춰서는 안 된다.

- 퍼팅 그린에 올라가서 티샷할 때와는 다른 볼을 쓰는 일. 볼이 플레이에 부적합하게 되지 않는 한, 한 홀에서는 티샷한 볼로 홀아웃해야 한다.

- 홀 가장자리에 걸린 볼을 10초 넘게 기다리는 일. 열을 센 뒤에는 퍼터로 툭 쳐서 홀아웃하도록 한다.

- 퍼팅 그린 이외 지역에서 볼에 붙어 있는 풀잎이나 나뭇잎을 제거하는 일. 볼에 붙어 있는 것은 루스 임페디먼트가 아니다.

- 동반플레이어에게 어드바이스를 구하는 일. '거리 정보' 외에는 어드바이스를 받을 생각을 하지 말라.

- 러프에 멈춘 볼을 확인한답시고 아무 얘기도 없이 살짝 돌려보는 일. 라이 개선으로 오해받을 수 있으므로 동반플레이어 입회 아래 조심스럽게 확인해야 한다.

- '골프규칙은 이해하기 너무 어렵다'는 선입관을 지니는 일. 규칙책을 관심 있게 읽다 보면 당신도 '룰 박사'가 될 수 있다.

6장

그린 주변에서의 골프규칙

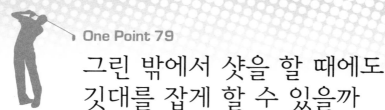

그린 밖에서 샷을 할 때에도 깃대를 잡게 할 수 있을까

치기 전에 그렇게 말하면 할 수 있다. 캐디로 하여금 깃대를 잡거나, 빼거나, 들어 올리게 할 수 있다. 치기 전에 지시하지 않고, 볼이 움직이고 있는 동안에 깃대를 잡거나 빼게 해서는 안 된다. 그렇게 하다가 볼 움직임에 영향을 주게 되면 2벌타가 부과된다.

단, 친 볼이 깃대를 잡고 있는 캐디나 깃대에 맞으면 2벌타가 부과되므로 조심해야 한다. 특히 그린 프린지에서 칠 때 깃대를 잡게 할 경우 볼이 깃대에 맞을 수도 있다는 것을 염두에 두어야 한다. 〈규칙 17〉

● TV 때문에 두 번이나 벌타받은 폴 에이징거

2008라이더컵 미국 팀 단장이었던 폴 에이징거는 TV와 악연이 많다. 1991년 미국PGA투어 도랄라이더오픈 때 그는 워터해저드에서 스탠스를 취하면서 발로 돌멩이를 치운 뒤 샷을 했다. 그 장면을 본 시청자가 경기위원회에 제보, 그는 실격당했다. 해저드에서 고의로 루스 임페디먼트를 제거할 경우 2벌타를 받는데, 그 벌타를 스코어에 가산하지 않은 채 스코어 카드를 냈기 때문에 실격된 것이다.

에이징거는 2003년 9월 미국PGA투어 캐나디언오픈에서도 시청자 때문에 또 2벌타를 받았다. 이 경우는 그의 캐디 잘못이었지만, 벌타는 그에게 매겨질 수밖에 없었다. 2라운드 13번홀에서 동반플레이어인 프레드 펑크가 그린 밖에서 칩샷한 볼이 홀을 향해 굴러갔다. 그러자 에이징거의 베테랑 캐디(테드 스콧)가 갑자기 달려들어 깃대를 홀에서 뺐다. 가만 두어도 되는 판인데 착각한 모양이었다.

볼은 홀을 60cm 지난 지점에 멈췄다. 이 경우 그린 밖에서 쳤기 때문에 볼이 깃대를 맞혀도 펑크에게 벌타가 부과되지 않는다. 그런데도 에이징거의 캐디는 펑크의 승인도 받지 않은 채 무단히 깃대를 들어올렸고, 경기위원은 그 행위가 볼의 움직임에 영향을 미칠 염려가 있다고 보고 벌타를 매긴 것.

이 일도 TV를 보던 한 시청자가 경기위원에게 제보해 그 같은 판정을 이끌어냈다. 에이징거는 그 2벌타 때문에 선두권에서 내려가고 말았다.

One Point 80

그린 프린지의 볼 자국을
수리해도 될까

볼이 그린 프린지에 멈췄다. 그런데 볼 바로 앞에 움푹 파인 자국이 있다. 퍼터로 치려는데 그 자국이 방해가 될 듯한 상황. 그래도 그 자국을 수리할 수 없다. 왜냐하면 그린 밖이기 때문이다. 수리하면 라이 개선으로 2벌타를 받는다. 그 자국이 퍼터로 치는 데 방해가 될 것 같으면 웨지로 치는 수밖에 없다.　　　　　　　　　　〈규칙 1-2, 13-2〉

🚩 Real story

● 마틴 레어드, 이상한 벌타

　2008년 미국PGA투어 BMW챔피언십 2라운드 16번홀(파3) 그린 주변. 마틴 레어드의 볼이 프린지에 떨어지면서 그곳에 자국을 냈다. 동반자 바트 브라이언트의 볼은 그린에서 더 멀리 떨어져 있었다. 레어드가 자신이 남긴 자국을 수리하면서 "네 플레이선이냐?"라고 물었더니 브라이언트가 "그렇다."라고 대답했다. 요컨대 브라이언트의 플레이선을 레어드가 개선해준 것. 브라이언트는 그것이 꺼림칙했고 결국 17번홀에서 경기위원에게 자진 신고했다. 위원은 브라이언트에게 2벌타를 부과했다. 레어드는 무벌타. 브라이언트는 "내 플레이선이 아니다."라고만 했어도 벌타를 받지 않았을 게 분명하다.

그린 밖에서 친 볼이
홀에 끼여 있을 때

　그린 밖에서 친 볼이 홀과 깃대 사이에 끼여 있을 땐 홀 바닥으로 떨어뜨려야 하며, 끼여 있는 상태만으로는 홀인으로 인정되지 않는다. 깃대를 들거나 기울여서 볼이 홀 바닥으로 떨어져야 비로소 홀인으로 인정한다. 따라서 볼이 홀과 깃대 사이에 끼여 있을 땐 깃대를 조심스럽게 다뤄 볼이 홀 안으로 떨어지도록 해야 한다.

　깃대를 들다가 볼이 홀 바깥으로 튀어나가면 어떻게 될까. 그 경우 볼은 움직였지만 벌타는 없다. 그 대신 홀인으로도 인정하지 않는다. 볼을 집어 들어 홀 가장자리에 놓고 다음 샷을 하면 된다.

　홀과 깃대 사이에 끼여 있는 볼을 홀에 들어간 것으로 생각하고 들어 올리면 인플레이 볼을 움직인 데 대한 1벌타를 받아야 한다. 그 다음, 볼을 제자리(홀과 깃대 사이)에 갖다 놓고 깃대를 살짝 움직이거나 빼서 볼을 완전히 홀 바닥으로 떨어뜨려야 한다.　〈규칙 17-4〉

● 사소한 규칙?

2005년 9월 비에이비스타 CC에서 열린 한국여자프로골프 SK인비테이셔널에서 발생한 일. 한 선수가 17번홀에서 칩샷을 한 볼이 깃대와 홀 벽 사이로 3분의 2가량 들어가 있었다.

그 선수는 버디라고 생각하고 걸려 있는 볼을 빼낸 뒤 다음 홀로 이동하는 것이 아닌가. 동반플레이어의 이의제기가 뒤따랐음은 물론이다. 그 선수는 당황했는지 경기위원에게 어떻게 해야 할지 물었다.

"그 볼은 홀인된 것이 아니므로 인플레이 볼을 움직인 1벌타를 받고, 볼을 원래대로 깃대와 홀 벽 사이에 걸쳐 놓은 뒤 깃대를 흔들어 홀 속으로 떨어뜨려야 한다."라는 것이 경기위원의 말이었다. 사소한 규칙을 알지 못해 버디가 졸지에 파로 변해버린 순간이었다.

One Point 82
사용하지 않는 그린에 볼이 올라갔을 때

　사용하지 않는 그린에 볼이 올라갔을 땐 드롭해야 하며, 그대로 치면 안 된다. 볼이 놓여 있는 곳에서 가장 가까운 그린 밖에 니어리스트 포인트를 정하고, 그 기점으로부터 한 클럽 길이 내로서 그 기점보다 홀에 가깝지 않은 곳에 드롭해야 한다. 그렇지 않고 그냥 치면 2벌타가 따른다. 볼이 사용하지 않는 그린 밖에 있고, 스탠스만 그린에 걸칠 경우에는 구제받을 수 없으며 그 상태대로 플레이해야 한다. 단, 한 홀에 그린이 두 개 있을 경우 사용하지 않는 그린을 스루 더 그린으로 취급하는 로컬룰을 둘 수 있다. 그런 때에는 볼이 사용하지 않는 그린에 올라가도 퍼터나 웨지, 아이언으로 샷을 할 수 있다.

〈규칙 25-3〉(112쪽 그림 참조)

● 고우순의 착각

블루헤런CC가 클럽700CC이던 시절이니 오래 전 얘기다. 고우순이 그곳에서 열린 한 대회에 초청받아 출전했는데, 파3홀에서 친 볼이 '사용하지 않는 그린'에 올라갔다. 일본에서 활약하다가 일시 귀국한 고우순은 일본에서 하는 것처럼 그곳에서 퍼터로 쳤고, 그 스코어를 적은 스코어 카드를 냈다. 일본에서는 로컬룰로 사용하지 않는 그린에 볼이 멈출 경우 그대로 치게 한다고 한다.

고우순은 한국도 으레 그러려니 하고 확인 없이 퍼터로 친 것. 그러나 골프규칙에는 엄연히 그린 밖에 드롭하고 치도록 돼 있다. 고우순은 그 규칙을 어겼기 때문에 2벌타를 추가해야 했는데도, 벌타를 반영하지 않은 스코어 카드를 제출한 것이 돼 결국 '스코어 오기'로 실격당하고 말았다. 모호한 상황에서는 '확인'을 하거나, 경기위원을 부르는 것이 상책이라는 것을 보여주는 사례다.

One Point 83

그린을 갓 벗어난 지점에
스프링클러 덮개가 있을 때

볼이 그린에 오르지 못하고 프린지에 멈췄다. 잔디가 짧아 퍼터로 처리하려는데 공교롭게도 볼~홀의 플레이선에 스프링클러 덮개가 있다. 이른바 '텍사스 웨지'(그린 밖에서 퍼터로 볼을 치는 일) 상황이다. 스프링클러 덮개는 움직일 수 없는 장해물이다. 스윙이나 스탠스에 방해가 되면 구제받을 수 있으나, 이 경우처럼 플레이선에 있을 경우는 구제받지 못한다. 따라서 그 위로 치거나 웨지를 사용하는 수밖에 없다. 〈규칙 24-2〉

Real story

🔘 미겔 앙헬 히메네즈, 로마에 가면 로마법을 따르라

필 미켈슨과 비제이 싱이 그린에 남겨진 스파이크 자국으로 얼굴을 붉혔던 2005년 마스터스토너먼트. 4라운드에서 최경주는 미겔 앙헬 히메네즈와 같은 조로 플레이했는데 오거스타내셔널GC 1번홀(파4) 그린에서 잠시 논란이 있었다. 히메네즈의 볼이 그린 프린지에 멈췄는데 볼 앞 플레이선에 스프링클러 덮개가 있었던 것. 히메네즈는 경기위원을 불러 "퍼터로 처리하려는데 구제받을 수 있는가?"라고 물었고 경기위원은 "구제받을 수 없다."라고 잘라 말했다. 히메네즈는 퍼터 대신 웨지로 바꿔 들고 샷을 할 수밖에 없었다. 이 경우 스프링클러 덮개가 플레이선상이 아니라 스탠스에 걸리면 당연히 구제받는다.

● R&A와 USGA가 다를 수도 있다

세계 골프를 관할하는 두 기구는 영국왕립골프협회(R&A)와 미국골프협회(USGA)다. 두 기구는 4년마다 골프규칙을 보완·개정하는데, 관할 지역이 다르다. R&A는 유럽·호주·남아공·아시아 지역을, USGA는 미주 지역을 관할한다. 두 기구는 골프규칙을 적용하는 데 근간은 같지만 세부적으로 적용하는 데 약간 다른 해석을 내리는 일이 있다. 그린 사이드의 스프링클러 덮개가 대표적이다.

스코틀랜드의 링크스 코스는 그린과 그 주변이 구분이 잘 안 될 정도로 그린 주변의 잔디가 짧다. 그래서 선수들은 그린 밖에서도 퍼터를 사용하는 일이 잦다. 그래서 R&A에서는 그런 경우에 대비해 그린 밖 일정 지점(보통 두 클럽 길이) 내의 스프링클러 덮개는 플레이선상에 있을 경우 구제받도록 하는 로컬룰을 두기도 한다. 유럽에서 주로 활약하는 히메네즈도 그 연장선상에서 구제를 생각하지 않았나 싶다.

그 반면, 미국의 코스는 그린을 갓 벗어난 지점이라도 깊은 러프로 돼 있는 경우가 많아서 구제를 허용하지 않는 것이 일반적이다. 타이거 우즈가 아마추어 시절이던 1996년 US오픈(미시간주 오클랜드힐스CC) 1라운드 때의 일이다. 우즈의 볼이 14번홀 그린 밖에 멈췄는데 그 바로 앞, 그린 위에 스프링클러 덮개가 가로놓여 있었으나 경기위원은 '구제 불가능'으로 판정했고, 우즈는 결국 보기로 홀아웃한 적이 있다.

규칙만 잘 알아도
1~2타 줄이기 문제없다

골프규칙을 잘 모르거나 잘못 해석해 1~2타를 손해 본 경험이 있을 것이다. 《미국 골프다이제스트》는 규칙을 이용해 스트로크를 세이브 할 수 있는 다섯 가지 사례를 실었다.

✚ 해저드에서는 볼 확인한 뒤 쳐라

볼이 해저드(벙커 · 워터해저드)에 박혔는데 윗부분만 보인다. 이때 자신의 볼로 짐작하고 확인 없이 치는 골퍼들이 있는데 그러다 '오구 플레이'로 2벌타를 받을 수 있다. 2008년 개정된 규칙은 해저드에서 볼을 확인할 수 있도록 했다. 벌타 없이 볼을 집어 들거나 모래를 헤칠 수 있는 것. 해저드에서는 볼을 확인하고 쳐야 쓸데없는 벌타를 막을 수 있다.

✚ 티잉그라운드에선 평평한 곳에 티업을

티잉그라운드가 경사져 있다. 발보다 볼이 아래쪽에 있는 채로 쳤는데 볼은 오른편 숲으로 가버렸다. 이처럼 티잉그라운드를 충분히 이용하지 않으면 그 피해는 자신에게 돌아온다. 티잉그라운드는 티마커 후방으로 두 클럽 길이까지다. 따라서 찾아보면 평평한 곳이 얼마든지 있다. 티업할 땐 규칙이 허용하는 골퍼의 권리를 포기하지 말아야 한다.

✚ 언플레이어블 볼 규정 충분히 이용을

볼이 깊은 러프에 빠졌는데 그 옆은 큰 바위여서 칠 수 없는 상황. 언플레이어블 볼 처리를 하고 두 클럽 길이 내에 드롭하려고 보니 그곳 역시 풀이 길다. 그럴 땐 다른 옵션을 생각하라. 1벌타 후 종전 쳤던 지점으로 돌아가거나, 볼과 홀을 연결하는 후방선상(거리 제한 없음)에 드롭하고 치는 길이 있다. 라이가 좋지 않은 볼 주변을 고집할 필요가 없다.

✚ 루스 임페디먼트에서도 도움 받을 수 있다

볼 옆에 골프장 측에서 잘라놓은 큰 통나무가 있다. 이런 통나무는 고정돼 있지 않고 생장하고 있지 않으며 땅에 박혀 있지 않기 때문에 루스 임페디먼트다. 따라서 벌 없이 구제받을 수 있다. 볼이 움직이지 않는 범위에서 통나무를 치우고 샷을 하면 된다. 지레 겁먹고 벌타를 먼저 생각할 이유가 없다.

✚ 카트도로에서 한 클럽 이상 벗어날 수 있다

볼이 카트도로(움직일 수 없는 인공장해물)에 멈췄다. 이때 볼이나 카트도로 가장자리에서 한 클럽 길이 내에 드롭하는 것으로 알고 있는 골퍼가 많다. 그래서 도로 옆 깊은 러프에 드롭하여 어려움을 자초한다. 그렇지 않다. 도로 옆에 '니어리스트 포인트'(도로를 피하고 홀에 가깝지 않은 곳으로 볼과 가장 가까운 지점)를 정한 뒤 그곳으로부터 한 클럽 길이 내에 드롭하고 쳐야 한다. 그러면 도로로부터 한 클럽 길이 너머까지 드롭할 수 있으므로 '라이'에 대한 선택폭이 커진다.

7장

퍼팅
그린에서의
골프규칙

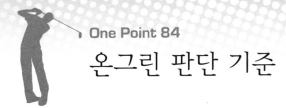

One Point 84

온그린 판단 기준

친 볼이 그린에 올라갔는지 안 올라갔는지 모호할 경우가 있다. 그래서 동반자들끼리 언쟁을 하기도 한다. 그도 그럴 것이 온그린이 됐으면 마크하고 집어 올려 닦을 수 있지만, 온그린이 안 됐을 경우엔 볼을 집어 올리지 못하고 그 상태대로 플레이해야 하기 때문이다. 퍼팅그린은 퍼팅을 위해 특별히 정비해놓은 구역이다.

잔디가 짧게 그리고 깔끔하게 잘 다듬어져 있다. 그리고 그린 바로 밖은 프린지(에이프런·칼라)로서 그린보다 잔디 길이가 길다. 그곳에 볼이 멈추면 물론 온그린이 아니다. 볼이 조금이라도 그린에 닿아 있으면 온그린이다. 당연히 볼의 일부라도 그린에 접촉하고 있지 않으면 온그린이 아니다.

볼 위에서 보았을 때는 볼이 그린에 올라가 있는 듯한데, 옆에서 보았을 때는 볼이 그린에 접촉하고 있지 않고 떠 있으면, 역시 온그린이 아니다.　　　　　　　　　　　　　　　〈규칙 2장 '용어의 정의' 44〉

● 박현순, 그린 밖 볼을 집어 닦는다?

1996년 7월 대구CC에서 매일여자오픈이 열렸다. 마지막 날 박현순과 박세리가 같은 조에서 우승 다툼을 벌였다. 16번홀에서 박현순이 친 두 번째 샷이 그린 가장자리에 멈췄다. 누가 보아도 온그린이 아닌데도, 박현순의 캐디는 그 볼을 집어 올려 닦아버렸다. 이미 엎질러진 물이라고 생각한 박현순은 그 볼을 리플레이스한 뒤 2벌타를 가산해 스코어를 적었다.

인플레이 볼을 움직인 1벌타와 볼을 닦은 1벌타를 합한 것. 그런데 근처에 있던 경기위원이 2벌타가 아니라 1벌타라고 알려주어 스코어를 수정했고, 박현순은 연장전 끝에 박세리를 꺾고 우승컵을 안았다. 박현순의 신참 캐디가 온그린의 정확한 정의를 모르고 그린 에지 부근에 떨어진 볼은 무조건 집어 올려 닦을 수 있다고 생각한 무지에서 비롯된 해프닝이었다.

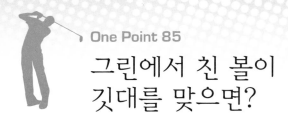

One Point 85

그린에서 친 볼이
깃대를 맞으면?

　그린에서 퍼트한 볼이 깃대를 맞으면 친 사람에게 2벌타가 부과된다. 깃대가 홀에 꽂혀 있거나 홀에서 뽑혀져 그린 저쪽에 놓여 있거나 상관없이 맞히면 벌타다. 따라서 자신이 퍼트할 때 깃대가 눈에 거슬리면 깃대를 더 멀리 치워 달라고 요구하는 것이 뜻밖의 벌타를 막는 길이다. 뽑아 놓은 깃대가 그린 밖에 있을 때에도 퍼트한 볼이 그린을 벗어나 그 깃대를 맞힐 경우 2벌타가 따른다. 〈규칙 17-3〉

Real story

● 안시현의 아찔한 행동

　2003년 제주에서 열린 미국LPGA투어 CJ나인브릿지클래식에서 우승하며 신데렐라로 떠오른 안시현. 그는 그로부터 약 1년 후인 2004년 10월 휘닉스파크GC에서 열린 PAVV인비테이셔널에 초청받아 경기를 하던 중 깃대 때문에 보는 이들의 간담을 서늘하게 한 적이 있다. 대회 1라운드 12번홀(파3)에서 티샷을 그린에 올린 뒤 동반플레이어에 앞서 서둘러 버디 퍼트를 시도한 것까지는 그럴 수도 있는 일이었다. 그런데 그때 깃대를 뽑지 않은 상태로 퍼트를 했다. 볼이 홀을 비껴갔기에 망정이지 하마터면 2벌타를 받을 뻔했다. 안시현은 2005년에는 한 국내 대회에서 OB말뚝을 뽑아 벌타를 받았다. 유난히 골프 규칙과 인연이 없는 선수인 듯하다.

● 필립 프라이스, 이글이 파로

2004년 3월 유러피언투어 두바이데저트클래식. 웨일스의 필립 프라이스가 UAE의 에미리트GC 3번홀(파5)에서 두 번 만에 볼을 그린에 올렸다. 캐디는 이글 퍼트를 할 때 깃대를 들어주려고 했으나 '주인'이 퍼트 라인을 봐달라고 하는 바람에 깃대 곁을 떠나고 말았다.

캐디와 주인은 깃대를 잡는 것을 깜빡 잊었고, 주인은 깃대가 홀에 꽂힌 상태에서 퍼트를 했다. 퍼트는 완벽했고 볼은 깃대를 맞은 뒤 홀 속으로 사라졌다. 그러나 이글의 기쁨도 잠시. 프라이스는 2벌타를 받아 이글이 파가 되고 말았다.

One Point 86

홀아웃 후 그린에서
연습퍼트해도 될까

규칙에는 '플레이어는 해저드에서 연습스트로크를 하지 않고 플레이를 부당하게 지연시키지 않는다면 방금 끝난 홀의 퍼팅 그린, 연습퍼팅그린, 다음 홀 티잉그라운드나 그 근처에서 연습퍼팅 또는 연습치핑은 허용한다'고 돼 있다. 따라서 플레이를 지체시키지 않고 별도의 로컬룰이 없는 한 방금 홀아웃한 홀의 그린에서 연습퍼트를 하는 것은 상관없다. 해저드에서만 안 하면 된다. 단, 대부분 경기에서는 홀과 홀 사이에 어떤 형태의 연습도 할 수 없도록 로컬룰을 정해 놓은 경우가 많다는 사실에 주의해야 한다. 〈규칙 7〉

Real story

● 한영근, 로컬룰은 항상 명심하라

한영근은 2006년 부산 해운대CC에서 열린 KPGA선수권대회 2라운드 17번홀을 홀아웃한 뒤 그 그린에서 퍼트 연습을 하다가 2벌타를 받았다. 당시 경기위원회에서는 막 끝난 홀의 퍼팅 그린에서 연습퍼트를 하는 것을 로컬룰로 금지했는데, 한영근은 이를 착각했던 것.

● 퍼지 젤러, 방송용 시범이라도 때와 장소는 가려라

2003년 2월 미국PGA 챔피언스(시니어)투어 로열캐리비안클래식 때의 일. 타이거 우즈가 처음 마스터스토너먼트에서 우승했을 때 그에게 인종차별적인 발언을 해 논란을 불러일으켰던 퍼지 젤러가 1라운드를 73타(36위)로 마친 뒤 실격당했다. 젤러는 당시 로컬TV방송에서 레슨용 시범을 보여 달라고 하자 대회가 열리고 있는 6번홀 티잉그라운드로 향했다. 드라이빙 레인지에는 빈자리가 없었기 때문. 젤러는 그 홀 티잉그라운드에서 페어웨이가 아닌, 그 옆의 연못으로 드라이버샷을 세 번 날렸다. 그런데 이 광경을 지켜본 경기위원이 젤러에게 실격을 선언한 것. '라운드와 라운드 사이에 경기가 열리는 코스에서 연습을 해서는 안 되며 이를 위반하면 실격이다'라는 규칙을 어겼다는 설명과 함께. 그의 동료들 중에는 '자신의 연습이 아니라 TV촬영을 위한 것이었고, 팬서비스를 강화한다는 투어의 취지에 비춰볼 때 실격은 너무했다'는 반응을 보인 사람도 있었다.

● 케빈 나, 루키 신고식

재미교포 프로골퍼 케빈 나가 미국PGA투어 데뷔연도인 2004년 규칙 위반으로 '루키 신고식'을 치렀다. 케빈 나는 그해 10월 서머린TPC에서 열린 투어 미셸린챔피언십 3라운드를 마치고 18번홀 그린에서 연습퍼트를 하다가 실격당한 것. 그날 1오버파, 3라운드 합계 7언더파 208타로 4라운드에 나가지 못할 것이라고 생각한 그는 그 홀에서 버디 퍼트가 빗나가자 파로 홀아웃한 뒤 볼을 하나 꺼내 연습퍼트를 한 차례 했다. 대회 내내 퍼트가 여의치 않았고 마지막 홀 버디 퍼트마저 들어가지 않자 무심코 저지른 일이다. '스트로크 대회가 열리는 동안 플레이어는 라운드와 라운드 사이에 아직 남은 경기가 있을 코스에서 연습을 하면 곧바로 실격당한다'는 규칙을 위반한 것이다.

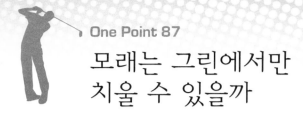

One Point 87

모래는 그린에서만
치울 수 있을까

　　모래는 그린에 있는 것만 루스 임페디먼트로 간주된다. 따라서 그린에 있는 모래는 얼마든지 치울 수 있다. 손으로 치워도 되고 수건이나 클럽으로 치워도 된다.

　　그러나 페어웨이나 그린을 갓 벗어난 지점에 있는 모래는 루스 임페디먼트가 아니므로 치워서는 안 된다. 페어웨이에 멈춘 볼 뒤에 모래가 불룩 솟아 있다고 하여 그것을 치워서는 안 된다. 또 벙커샷을 하면서 튀어 나온 모래가 그린 프린지에 있어도 치울 수 없다. 치우면 라이 개선으로 2벌타가 따른다. 〈규칙 1-4, 13-2, 23, 재정 13-2/8.5〉

● 후지이 가스미, 그린 밖 모래는 'No touch!'

일본의 후지이 가스미는 2002년 3월 미국에서 열린 미국LPGA투어 LPGA다케후지클래식 때 볼과 그린 사이에 널려 있는 모래를 치운 까닭에 2벌타를 받았다.

● "내 라이를 돌려다오"

A의 볼이 프린지에 멈췄다. 그 다음 순간, 그린 앞 벙커에 빠진 B가 벙커샷을 하면서 쳐낸 모래가 A의 볼 주변에 뿌려졌다. 이 경우에는 A는 '형평의 이념'에 따라 그 자신의 볼이 정지했을 당시의 라이와 플레이선을 그대로 받을 권리가 있으므로 B의 벙커샷으로 인해 볼 주위에 흩어져 있는 모래를 치울 수 있다.

만약 모래가 볼 위에 떨어져 있을 경우 볼을 집어 올린 뒤 모래를 닦을 수도 있다.

퍼트 라인을 퍼터헤드로 치거나 라인 위 스파이크 자국을 눌렀을 때

퍼팅 그린에서 수리할 수 있는 것은 볼 자국(볼이 그린에 낙하할 때 충격으로 생긴 움푹한 자국)이나 예전 홀로 사용한 곳을 메운 자국 뿐이다. 따라서 퍼트 라인을 퍼터헤드로 툭툭 치거나 라인 위에 있는 스파이크 자국을 쿡쿡 누르면 2벌타가 따른다.

플레이어의 퍼트 라인에서 멀리 벗어난 지점을 치거나 누르는 것은 상관없으나 퍼트 실패로 다음 플레이에 원조가 될 경우엔 벌타가 따르므로 조심해야 한다. 또 박세리처럼 어드레스 때 퍼터헤드를 볼 앞에 놓았다가 드는 것은 무방하다.

퍼트 라인에 박혀 있는 조그마한 돌은 제거할 수 있다. 그러나 돌을 제거한 뒤 남은 자국은 수리할 수 없다. 〈규칙 16-1c〉

● 카밀로 비예가스, 그린에서는 조심 또 조심

미국PGA 투어프로인 카밀로 비예가스는 볼 뒤에 바짝 엎드려 퍼트 라인을 살피는 것으로 유명하다. 그 모습이 먹이를 채려는 전갈 같기도 하고, 벽을 타고 오르는 스파이더맨 같기도 하여 화제가 되곤 한다. 비예가스처럼 볼 뒤 그린 표면에 손을 대는 것은 괜찮다. 퍼트 라인은 볼 뒤까지 연장되지 않기 때문이다. 그러나 퍼트 라인(퍼트한 볼이 홀을 향해 굴러가리라고 생각되는 선)을 건드리면 벌타가 따르므로, 그처럼 퍼트 라인을 관찰하는 골퍼들은 조심해야 한다.

캐디가 볼을 집어 올려
마크해도 될까

규칙에 따라 볼을 집어 올릴 때에는 플레이어, 그의 파트너 또는 플레이어가 승인한 사람이 집어 올릴 수 있다. 물론 집어 올릴 때에는 마크하고 집어 올려야 할 것이다. 여기에서 '플레이어가 승인한 사람'이란 대부분의 경우 그의 캐디가 된다. 캐디는 볼을 집어 올릴 수 없는 것으로 아는 사람이 많은데, 플레이어가 승인하면 캐디도 볼을 집어 올릴 수 있다. 〈규칙 20-1〉

Real story

● 김순희, 아마추어 캐디의 손버릇

2003년 11월 부산 아시아드CC에서 열린 SBS최강전 여자부 2라운드 5번홀. 김순희의 캐디가 그린에서 마크를 하지 않은 채 볼을 집어 올렸다. 당연히 '1벌타 후 리플레이스' 조치가 뒤따랐다. 당시 캐디는 전문·전담 캐디가 아니라 그 골프장에서 일하는 캐디였다고 한다. 평소 아마추어 골퍼들을 상대하던 버릇을 대회 때 버젓이 재현해 지켜보던 사람들을 어이없게 한 것. 전담 캐디가 없는 국내 대회에서 가끔 볼 수 있는 해프닝이다.

One Point 90

짧은 퍼트를 놓친 뒤 움직이고 있는 볼을 치면 2벌타

플레이어는 세 가지 경우를 제외하고는 자신의 볼이 움직이고 있을 때 그 볼을 쳐서는 안 된다. 세 경우는 ① 티에서 떨어지는 볼 ② 한 스트로크에 볼을 두 번 칠 때 ③ 물속에서 움직이고 있는 볼 등이다. 따라서 짧은 퍼트가 빗나가 홀을 지나 움직이고 있을 때 퍼터헤드로 쳐서 홀아웃하면 2벌타가 따른다. 〈규칙 14-5〉

Real story

● 닉 팔도, 한국을 우습게 본 '스윙 머신'

'스윙 머신'으로 불리며 1980년대 후반~1990년대 초 세계남자골프계를 풍미한 영국의 '간판 골퍼' 닉 팔도가 2001년 한양CC에서 열린 한국오픈골프선수권대회에 출전했다. 그러나 2라운드에서 어이없는 플레이로 팬들을 실망시켰다. 세계적 선수라고 믿기 어려울 정도의 '무성의'와 골프규칙에 대한 '무지'를 드러내며 커트오프되고 말았다. 거액의 초청료(15만 달러)가 아까울 지경이었다. 문제가 된 곳은 10번 홀(파3). 버디 퍼트가 홀을 비껴가며 50cm 정도 지나쳤다. 퍼트 부진에 시달리던 팔도의 짧은 파 퍼트도 홀을 살짝 외면했다. 열(?)을 받은 팔도는 약 15cm 거리의 보기 퍼트를 '긁어내는 듯한' 동작으로 쳤다. 누가 보아도 성의 없는 스트로크였다.

그런데 그 볼도 홀을 비껴가자 퍼터헤드를 홀 반대편에 막아 세웠다. 굴러가던 볼은 퍼터헤드를 맞고 홀 속으로 들어갔다. 외견상 팔도의 스코어는 1온4퍼트로 더블보기(5타). 그렇지만 골프규칙은 움직이고 있는 볼을 플레이하면 2벌타를 받도록 규정하고 있지 않은가.

팔도는 2벌타를 추가, 그 홀 스코어는 7타(4오버파·쿼드러플보기)가 돼야 했던 것. 그런데 그의 마커인 앤서니 강은 팔도의 행위가 1벌타인 줄 알았다. 그래서 스코어 카드에 '6'으로 적었고 팔도도 이의를 제기하지 않았다.

그러나 나중에 스코어 카드를 제출하는 과정에서 경기위원에게 문의해 2벌타로 수정했다. 팔도는 그날 3오버파, 2라운드 합계 3오버파 147타로 커트탈락하고 말았다.

● 데이비드 톰스, 구르는 볼 스트로크했다가 낭패

2005년 브리티시오픈 1라운드 17번홀 그린에서 발생한 일. 데이비드 톰스는 그린에서 구르고 있는 볼을 스트로크했다. 그 사실이 꺼림칙해 결국 2라운드 직전 경기위원회에 자진 신고했다.

움직이고 있는 볼을 쳤으므로 2벌타를 부과했어야 했는데, 그렇지 않은 스코어를 기록한 스코어 카드를 제출한 죄로 실격통보를 받았다.

One Point 91

홀에 들어갔다가 튀어나온 볼

홀에 들어갔다가 튀어나온 볼은 홀아웃한 것으로 인정하지 않는다. 볼이 홀 안에 정지해 있어야 홀인된 것이다. 파3홀 티샷이 홀 속으로 들어갔다가 튀어나와 홀 옆 30cm 지점에 멈췄다면 홀인원이 아니다. 30cm 퍼트를 성공할 경우 버디가 되고, 2퍼트로 홀아웃하면 파가 된다. 칩샷이 홀 속으로 들어갔다가 튀어나올 경우도 홀인으로 인정하지 않는 것은 물론이다. 〈규칙 2장 '용어의 정의' 27, 규칙 3-2〉

Real story

● 찰스 하웰3세, "볼이 컵에 들어갔다가 나와버렸네"

2005년 1월 미국PGA투어 뷰익인비테이셔널 4라운드 18번홀(파5)에서 있었던 일. 찰스 하웰3세가 홀까지 100야드를 남기고 친 54도 웨지 서드샷이 기막히게 맞았다. 그런데 똑바로 날아가던 볼은 깃대 아랫부분과 홀을 동시에 맞은 뒤 튕겨 그린 뒤에 있는 물로 들어가 버렸다. 완벽에 가까운 샷이 워터해저드 行이 돼 버린 황당한 일이 발생한 것. 그 홀에서 보기를 한 하웰3세는 타이거 우즈에게 3타 뒤져 2위를 차지했다.

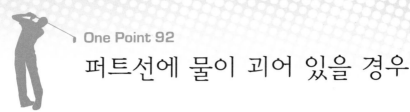

One Point 92

퍼트선에 물이 괴어 있을 경우

퍼트선에 물이 괴어 있을 경우 구제받는다. 단, 물을 수건이나 클럽 등으로 쓸어 내거나 훔쳐 내면 안 된다. 고인 물을 피하고, 홀에 가깝지 않으며, 볼에서 가장 가까운 지점에 볼을 옮겨 놓을 수 있다. 이상의 조건에 맞는 지점이 그린 밖이라면 그린 밖에 놓고 쳐야 한다. 단, 플레이어가 아닌, 경기위원이나 골프장 측에서 고인 물을 닦는 것은 상관없다.   〈규칙 25-1〉

Real story

● 최경주, 그린 닦는 경기위원

1999년 9월 한양CC에서 제42회 한국오픈골프선수권대회가 열렸다. 그런데 최종일 비가 많이 내려 그린에 물이 괼 정도였다. 자연히 경기 진행이 원활치 못했다. 그러자 최경주가 속한 챔피언 조를 따라다니던 대한골프협회의 한 경기위원이 큰 수건으로 그린 위의 물을 닦아 내기 시작했다. 그리고 그 수건을 최경주의 캐디와 함께 짜내고 다시 그린의 물기를 빨아들이는 수고를 아끼지 않았다. 경기위원의 헌신 덕분이었는지 대회에서 최경주는 우승했다.

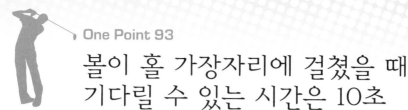

볼이 홀 가장자리에 걸쳤을 때 기다릴 수 있는 시간은 10초

볼이 홀 가장자리에 걸쳤을 때 플레이어가 기다릴 수 있는 시간은 부당한 지체 없이 홀 주변에 다다른 때부터 10초간이다. 그 10초 내에 볼이 홀로 떨어지면 '전(前) 스트로크'로 홀아웃한 것으로 인정된다. 예컨대 3m 버디 퍼트가 홀 가장자리로 간 뒤 10초 내에 홀 안으로 떨어지면 버디로 인정한다는 뜻이다.

그러나 10초가 지나면 볼이 멈춘 것으로 간주한다. 이에 따라 10초 후 떨어지면 전 스트로크로 홀아웃한 것으로 간주하되 1(벌)타를 가산해야 한다. 위의 예라면 버디가 아니라 파가 되는 것이다. 이 경우 '홀까지 다다른 시점부터 10초간'이라는 조항을 악용해 홀까지 가는 데 필요 이상으로 천천히 걸어가면 안 된다. 상대방이 클레임을 걸 수 있다.

〈규칙 16-2〉

● 최경주의 팬 서비스

재미교포 프로 미셸 위가 남자대회에서 유일하게 커트를 통과한 2006년 SK텔레콤오픈은 인천 영종도 스카이72CC 하늘코스에서 열렸다. 최경주도 함께 초청돼 많은 갤러리가 몰려들었다.

대회 4라운드 16번홀(파3). 인천공항고속도로에 인접해 있어 달리는 차 속에서도 보이는 홀이다. 최경주가 시도한 3m 거리의 파 퍼트가 홀 가장자리에 걸렸다. 최경주는 아쉬운 나머지 잠시 그 자리에 있었는데, 볼은 10초도 안 돼 홀 속으로 떨어지는 것이 아닌가. 큰 박수와 환호가 터졌음은 물론이다. 10초 안에 볼이 홀인됐으므로 최경주의 그 홀 스코어는 물론 파다.

● 메그 맬런, 무한정 기다려도 될 줄 알았나?

1996년 미국LPGA투어 제이미파크로거클래식 1라운드. 메그 맬런은 6언더파 65타를 치며 선두로 마쳤으나 다음 날 스코어 오기로 실격통보를 받았다. 한 홀에서 그녀가 퍼트한 볼이 홀 바로 옆에 멈췄다. 맬런은 일부러 천천히 홀 옆으로 갔고, 그곳에 간 뒤에도 18~20초나 기다렸는데, 공교롭게도 그때 볼이 홀로 떨어졌다. 맬런은 버디로 적어 스코어 카드를 냈다.

그러나 경기위원이 그 사실을 보고받고 조사한 결과 맬런이 10초 이상 기다렸다는 결론을 내리고 그 홀 스코어는 버디가 아니라 파가 맞다고 판정했다. 당연히 맬런은 실제 타수보다 적은 스코어를 적어냈기 때문에 스코어 오기고, 실격 이외에는 다른 방법이 없었다.

볼 마크는 무엇으로 하나

볼 마크는 반드시 동전이나 볼마커로 하지 않아도 된다. 골프규칙은 그와 비슷한 것으로 마크할 것을 권장할 뿐이지, 강제로 규정해 놓지는 않았다. 그러나 작은 동전이나 볼마커가 마크하기에 편리하므로 그렇게 하는 것이 바람직하다. 나뭇잎이나 모래 등으로 마크할 수도 있겠으나 바람이 불거나 골퍼들이 밟아 마크 장소가 불명확해질 경우 플레이어에게 손해가 갈 수 있는 까닭이다. 요즘에는 눈에 잘 띄는 카지노 칩을 볼마커로 사용하는 골퍼들이 많은데, 상대방의 퍼트선상일 경우 방해가 될 수 있으므로 세심하게 살펴야 한다.

〈규칙 16-1d, 20-1 주, 재정 20-1/16〉

Real story

● 티를 티업할 때만 쓰나요?

1996년 9월 88CC에서 열린 한국여자프로골프 제일모직로즈여자오픈 때 이런 일이 있었다. 한 선수가 그린에서 볼 마크를 하는 데 티(tee peg)를 사용했다. 티를 그린에 꽂았던 모양이다. 그러자 동반플레이어가 "그린 테스트이므로 2벌타를 받아야 한다."라며 클레임을 걸었다. 그러나 경기위원은 '벌타 없음'으로 판정했다. 볼 마크를 할 때 티를 사용해도 된다. 티를 꽂는 것은 그린 테스트로 간주하지 않는다.

규칙에서는 그린에서 볼을 굴리거나 그린을 긁거나 문지르는 방법으로 테스트하는 것만을 금지하고 있다. 다만, 프로골프투어 가운데는 그린에서 티를 볼마커로 사용하는 것을 금지하는 로컬룰을 둔 곳도 있으므로, 로컬룰 유무를 유심히 살펴야 한다.

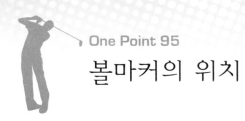

볼마커의 위치

볼마커를 볼 바로 뒤가 아니라 2인치(약 5cm) 뒤에 놓는 것은 허용되지 않는다. 그 경우 충분히, 정확하게 볼 위치에 마크했다고 볼 수 없기 때문이다. 따라서 플레이어가 그런 식으로 마크할 때마다 그는 〈규칙 20-1〉에 규정된 바와 같이 1벌타를 받고 볼을 집어 올린 곳에 될 수록 가까운 지점에 그 볼을 플레이스하지 않으면 안 된다.

〈규칙 20-1, 20-3c, 재정 20-1/20〉

Real story

● 마크 오메라, 뒤늦게 밝혀진 진실

타이거 우즈와 절친한 사이인 마크 오메라는 41세이던 1998년 메이저대회인 마스터스토너먼트에서 우승하며 절정의 시기를 보내고 있었다. 그런데 그 7개월 전인 1997년 9월 출전한 유러피언투어 랑콤트로피에서 석연치 않은 행위를 한 끝에 우승한 사실이 뒤늦게 밝혀져 논란이 된 적이 있다. 랑콤트로피 최종 라운드 15번홀 그린. 오메라가 볼을 집어 올려 닦은 뒤 원래 위치보다 홀 쪽으로 가까운 곳에 리플레이스했다는 사실이 TV 녹화테이프를 통해 드러난 것.

투어 경기위원인 존 파라모가 "대회 당시 이 같은 사실이 밝혀졌다면 오메라는 2벌타 또는 실격을 받았을 것이다."라고 말한 데서 보듯 오메라가 잘못된 곳에 리플레이스를 한 것은 확실한 것으로 보인다. 문제는 대회가 끝난 지 한참 뒤에 발견됐기 때문에 우승을 번복할 수 없다는 점이었다. 그렇더라도 오메라의 행위에 고의성이 있었느냐 여부는 두고두고 논란거리가 됐다.

그 대회에서 오메라는 자모 산들린에게 1타차로 앞서 우승했기 때문에 더욱 그랬다. 오메라는 "나는 그런 사람이 아니다. 내가 만약 고의로 그랬거나 그 사실을 알았다면 스스로 벌타를 부과했을 것이다. 어쨌든 유감이다."라며 사태를 마무리했다. 볼마커를 볼 바로 옆에 놓지 않으면, 이처럼 양심도 의심받을뿐더러 실격까지 당할 수도 있다는 교훈이다.

볼마커를 원위치하지 않은
건망증의 대가

동반자의 퍼트에 방해가 돼 볼마커를 한 뼘 길이만큼 옆으로 옮겨
놓았다. 그런데 정작 자신이 퍼트할 때 그 마커를 원위치하는 것을 잊
고 그 자리에서 퍼트하는 경우가 가끔 있다. 건망증의 소산이다. 이때
는 오소 플레이로 2벌타가 가해지며 플레이는 그대로 인정된다. 톰 왓
슨, 로라 데이비스 등 세계적 선수들도 상대방의 요구로 옮겨 놓은 볼
마커를 원위치하지 않고 퍼트했다가 벌타를 받은 적이 있다. 따라서
볼마커를 옮겼을 경우 상대방이 퍼트하는 것을 보지 말고, 오로지 '내
볼마커를 원위치해야지' 하는 생각을 하고 있는 것이 깜빡 잊는 것을
막는 길이다. 〈규칙 20-7c〉

Real story

● 톰 왓슨, 백전노장의 실수
브리티시오픈 5승 경력의 베테랑 골퍼 톰 왓슨. 2008년 마스터스토
너먼트 2라운드 3번홀(파4)에서 오소 플레이로 2벌타를 받고 말았다.
퍼트를 앞두고 동반자의 요구로 볼마커를 옮겨 놓았는데 정작 자신이 퍼트할 때 볼마커를 원위치하지 않고 그곳에서 퍼트를 한 것. "늙어서 총기가 흐려졌다."라는 것이 그의 설명이었는데, 백전노장도 그런 실수를 할 수 있다는 것을 적나라하게 보여준 사례다.

● 로라 데이비스, "20년래 처음이에요"

2007년 11월. 일본에서 열리는 유일한 미국LPGA투어 대회인 미즈노클래식 2라운드 14번홀(파4)에서 장타자 로라 데이비스도 깜빡했다. 그린에서 볼마커를 옮긴 뒤 정작 퍼트할 때에는 그것을 원위치하지 않은 것. 오소 플레이로 2벌타가 따랐음은 물론이다. 그날 스코어는 70타가 될 것이 그 실수로 72타가 됐고, 순위는 단독 1위에서 공동 선두로 밀려났다. 결국 그 대회 우승도 하지 못했다. 데이비스는 그 해프닝 후 "이런 일은 20년래 처음 있다."라며 머리를 긁적였다.

● 갤러리 덕을 본 브루스 플레이셔

1999년 8월 미국 시니어PGA투어 롱아일랜드클래식 3라운드에서는 이런 경우도 있었다. 브루스 플레이셔가 최종 합계 12언더파 204타로 2위권에 4타 앞서 우승을 하려는 순간이었다. 플레이셔가 스코어 카드를 내려고 '스코어러스(scorer's) 텐트'에 들어갔는데 갑자기 한 갤러리가 머리를 들이밀며 "마지막 퍼트 때 옮긴 볼마커를 원위치하지 않았다."라고 귀띔했다. 플레이셔가 가만히 생각해보니 그 말이 맞았다. 그 자리에서 마지막 홀 스코어에 2벌타를 추가한 그는 결국 합계 10언더파 206타로 알렌 도일에게 2타 앞선 챔피언이 됐다. 그는 "그 갤러리의 귀띔이 없었다면 나는 스코어 오기로 실격당했을 것이다. 4타차 리드여서 2벌타를 부과하고도 우승했기에 망정이지, 하마터면…."이라며 가슴을 쓸어내린 뒤 "그 사람을 찾아 뭔가 보답해야 하겠다."라며 그 자리를 떴다. 그의 우승 상금은 18만 달러였다.

동반자의 큰 볼마커를 맞고 볼이 굴절됐을 경우

　카지노에서 사용하는 칩을 볼마커로 쓰는 골퍼들이 있다. 그런 골퍼들에게서 이런 사태가 날 수 있다. 이 경우 누구에게도 벌이 없으며 볼이 멈춘 자리에서 플레이를 하지 않으면 안 된다. 용어의 정의에 의거, 티(tee peg)나 볼마커는 휴대품이 아니기 때문이다. 따라서 플레이어는 상대방에게 그 볼마커를 클럽헤드 하나나 둘 길이만큼 옆으로 옮기든지, 작은 동전이나 볼마커로 마크하도록 요구해야 한다. 요구하는 것은 정당하며, 요구 사항을 상대방이 들어주지 않을 경우 상대방에게 벌타가 가해진다. 〈규칙 20-1 주, 재정 20-1/17〉

● 스티브 스트리커, "카지노 칩은 카지노에서나 써요"

2008년 1월 미국PGA투어 메르세데스벤츠챔피언십 연장전. 스티브 스트리커와 다니엘 초프라가 우승컵을 놓고 혈투를 벌였다. 18번홀(파5)에서 치러진 연장 첫 번째 홀 경기에서 스트리커는 그린 밖에 있던 볼을 퍼터로 쳐서 홀에 붙일 요량이었다. 볼은 홀을 향해 굴러가다가 크게 튕긴 뒤 엉뚱한 방향으로 가버렸다.

초프라의 큰 마커(카지노 칩으로 여겨짐)를 맞은 것. 볼은 홀에서 3m나 못 미친 지점에 멈췄고, 스트리커는 다음 버디 퍼트를 실패했다. 더 나아가 연장 세 번째 홀 경기에서 져 2위에 그치고 말았다. 이처럼 큰 볼마커가 방해가 될 듯한 상황에서는 반드시 마커를 옮기거나 작은 마커로 마크를 해 달라고 요구해야 피해를 보지 않는다.

One Point 98

마크 도중 볼마커가
퍼터헤드에 달라붙은 경우

　그린에서 마크하는 도중에 볼마커가 퍼터헤드에 달라붙어 버려 당황한 적이 있을 것이다. 이 경우 볼마커를 움직인 원인이 볼 위치를 마크하는 바로 그 구체적인 행위에 있었기 때문에 벌이 없다. 단, 볼이나 볼마커를 리플레이스하지 않으면 안 된다. 만약 볼이나 볼마커가 있었던 지점을 알지 못할 경우에는 그것이 있었던 지점에 될수록 가깝고 홀에 더 가깝지 않은 곳에 플레이스하지 않으면 안 된다.

〈규칙 20-3c, 재정 20-1/6〉

Real story

　　● '당황'은 스스로 벌타매기는 격

　1996년 10월 뉴서울CC에서 열린 삼성카드배 KLPGA선수권대회 때 벌어진 일이다. 한 선수가 그린에서 볼 마크를 했다. 그런데 동반플레이어가 그 볼마커를 눌러 달라고 하여 퍼터로 누른 뒤 들었더니 볼마커가 퍼트헤드 바닥에 달라붙어 버렸다. 이 경우 볼을 마크하는 과정에서 볼마커가 움직였기 때문에 선수는 그 볼마커를 원래 위치에 리플레이스했다. 물론 벌타가 없다.

One Point 99
그린에서 아이언으로 쳐도 될까

그린 가장자리가 둥그런 형태가 아니라 'S자형'이나 '땅콩 껍데기 모양'처럼 들고 나는 형태로 돼 있는 경우가 있다. 그런 그린에서는 볼에서 홀에 이르는 퍼트선상에 프린지가 튀어나와 있을 수 있다. 퍼터로 치면 그 프린지를 통과해야 하기 때문에 퍼터 외의 클럽으로 샷을 하는 수가 있다. 이 경우 아이언이나 웨지로 샷을 해도 무방하다. 14개의 클럽은 코스 어디서든 사용할 수 있기 때문이다. 단, 아마추어들의 경우 대부분 골프장에서 로컬룰로 그린에서 퍼터 외 클럽 사용을 금지하고 있으므로 그에 따라야 한다. 〈규칙 17-3〉

Real story

● 브랜트 스네데커, 그린에서 '굿 웨지샷!'
브랜트 스네데커는 2008년 마스터스토너먼트 2라운드 6번홀(파3) 그린에서 로브 웨지로 샷을 해 버디를 잡는 진기를 보여주었다. 볼에서 홀까지는 3.6m 밖에 안됐지만 플레이션에 프린지가 삐져나와 있었던 것. 퍼터로 치면 프린지를 통과해야 하므로 거리조절이 힘들 것이 뻔했을 법하다. 그래서 그린이지만 로브 웨지를 빼들었고, 그 샷은 그린 바닥에 자국 한 점 남기지 않고 깔끔하게 맞았다. 볼은 붕 떠서 저편 그린에 안착한 뒤 굴러 빨려들듯 홀 속으로 사라졌다. 동반자인 톰 왓슨은 "정말 인상적인 샷이다. 골프는 상상력이 풍부한 사람이 잘하게 돼 있다."라며 감탄했다.

장익제도 2006년 금호아시아나오픈 4라운드 때 아시아나CC 동코스 17번홀(파4) 그린에서 샌드 웨지로 세 번째 샷을 한 적이 있다. 그 홀 그린도 퍼트선상에 프린지가 삐져나와 걸리는 일이 흔하다. 2007년 미국PGA투어 아놀드 파머 인비테이셔널 3라운드에서는 톰 존슨이 그린에서 칩샷을 한 적도 있다.

다만, 주의할 것이 있다. 플레이어가 친 볼이 깃대를 맞히면 2벌타가 따른다는 점이다. 플레이어들은 그린에서 아이언(웨지)샷을 하는 것만 생각하지, 친 볼이 깃대를 맞힐 수 있다는 것은 간과하는 수가 있다. 깃대를 아예 빼든가, 아니면 캐디로 하여금 깃대를 잡게 하여 볼이 근접하면 들어 올리게 해야 벌타를 막을 수 있다.

One Point 100

그린에서 볼이 움직이고 있을 때 동반자가 깃대를 잡는 경우

그린에서 볼이 움직이고 있을 때 동반플레이어나 그 캐디가 갑자기 깃대를 잡는 경우는 의도야 어떻든 가끔 있다. 그런데 깃대를 잡거나 제거한 행위가 볼의 움직임에 영향을 미칠 가능성이 없다면 동반자는 벌을 받지 않는다. 그러나 볼 움직임에 조금이라도 영향을 줄 수 있다는 의심이 들 경우 동반자는 2벌타를 받는다. 〈규칙 17, 재정 17-2/2〉

Real story

● 부 위클리, 남 걱정도 팔자네!

2007년 미국PGA투어 아놀드 파머 인비테이셔널 3라운드 2번홀(파 3). 부 위클리는 동반자 톰 존슨이 그린에서 칩샷한 볼이 홀로 다가오자 갑자기 달려들어 깃대를 뺐다. 순간적으로 착각한 위클리에게 2벌타가 부과됐다. 볼이 구르고 있는 도중에 허락 없이 깃대를 잡은 죄였다. 경기위원은 '볼이 홀에 도달할 가능성이 있고 깃대를 뺀 행위가 볼 움직임에 영향을 줄 수 있기 때문'으로 판단한 것이다. 위클리는 그 홀에서 보기를 할 것이 트리플 보기가 됐고, 순위도 10위에서 21위로 떨어졌다.

● 오지랖 넓은 폴 에이징거의 캐디

2003년 미국PGA투어 벨캐나디언오픈 2라운드 13번홀(파3)에서 발생한 일. 폴 에이징거와 프레드 펑크가 동반 플레이를 하고 있었다. 펑크의 칩샷이 그린에서 구르고 있을 때 갑자기 에이징거의 캐디가 달려들어 깃대를 뽑았다.

그 캐디는 순간적으로 착각했던 모양이다. 펑크가 그린에서 퍼트한 것으로 알았든지, 아니면 그린 밖에서 칠 때에는 볼이 깃대를 맞아도 벌타가 없다는 사실을 말이다. 캐디 잘못으로 에이징거는 졸지에 2벌타를 받았고, 그날 스코어는 4언더파가 2언더파가 되면서 10위권에서 50위권으로 추락하고 말았다.

치기 전에 아무도 깃대를 잡지 않았다면 볼이 움직이기 시작한 이후에는 깃대를 잡거나 빼서는 안 된다. 물론 그 사람이 동반플레이어의 캐디라 해도 벌타는 그 '주인'인 동반플레이어에게 부과된다.

꼭 알고 지켜야 할 **에티켓**

✦ 순서가 오면 바로 샷을 할 수 있도록 항상 준비를 해야 한다.

✦ 동반자가 샷을 하는 동안 움직이면 안 된다.

✦ 티샷이 OB가 나면 동반자들이 모두 샷을 한 뒤 마지막으로
　 다시 샷을 한다.

✦ 연습스윙을 할 때 그 장소와 시간·횟수에 주의해야 한다.

✦ 벙커샷을 한 뒤에는 모래를 완벽하게 정리해 놓아야 한다.

✦ 볼이 워터해저드에 들어가 1벌타를 받고 드롭할 경우 정확한
　 지점에서 해야 한다.

✦ '투 터치'나 '어드레스 후 볼이 움직인 것' 등 사소한 것이라도 타수
　 계산은 확실히 해야 한다.

✦ 자신의 볼이 그린에 떨어지면서 만든 볼 마크는 반드시 수리한다.

✦ 동반자가 '기브'(OK)를 주면 고마움을 표시한 뒤 얼른 볼을 집는다.

✦ 퍼팅 그린에서는 동반자의 라인을 밟지 않으며, 시선에 방해가
　 되지 않도록 세심한 주의를 한다.

신페리오 방식
캘러웨이 방식

New Perio Method
신페리오 방식

아마추어 골퍼들은 친선 라운드 때 핸디캡을 기준으로 순위를 정한다. 그런데 여러 사람들이 라운드를 하다 보면 공정한 조건에서 핸디캡을 정하는 일이 쉽지 않다. 현재 가장 많이 애용되는 핸디캡 산출 방식 두 가지를 소개한다. 두 방식은 그날 스코어 카드를 기준으로 즉석에서 핸디캡을 산출할 수 있다. 핸디캡이 나오면 물론 네트스코어로 순위를 가리면 된다.

더블 페리오 방식

더블(신) 페리오 방식은 최근 애용되는 것인데, 핸디캡과 네트스코어가 소수점까지 나오는 것이 특징이다. 원리는 주최 측이 참가자들 몰래 12개 홀(파48-파4홀 8개, 파3 및 파5홀 각 2개)을 미리 지정해 놓고, 그 12개 홀의 스코어를 기준으로 핸디캡과 네트스코어를 산출해 순위를 정하는 것이다. 몰래 12개 홀을 정하는 것은 참가자들이 특정 홀에서 스코어를 조작하는 것을 막기 위한 취지다. 원리는 복잡한 듯하지만, 표가 있으면 간단하게 계산할 수 있다. 원리를 설명하면 이렇다. 먼저 12개 홀에서 기록한 합계 스코어를 1.5배한다. 거기에서 코스의 파를 뺀 뒤 그것의 80%를 핸디캡으로 정하는 것이다. 이를테면 12개 홀의 합계 스코어가 70이라면 1.5배하여 105가 되고, 거기에서 코스의 파 72를 뺀 33의 80%인 26.4가 핸디캡이 되는 것이다. 이를 간단히 공식으로 표시하면 다음과 같다.

$$핸디캡 = (숨겨진\ 12개\ 홀의\ 총\ 타수 \times 1.5 - 72) \times 0.8$$

이 방식은 다음 설명하는 캘러웨이 방식처럼 항상 표를 지니고 다니면 위와 같은 복잡한 계산 과정을 거치지 않고 곧바로 핸디캡을 산출할 수 있다. 요컨대 이 조견표는 12개 홀 스코어를 알기만 하면 바로 핸디캡이 나오도록 미리 계산돼 있다. 핸디캡이 나오면 당일 그로스스코어에서 이를 빼서 네트스코어를 산출하고, 그것으로써 순위를 정한다.

단서 조항

① 한 홀의 최다 스코어는 9로 제한된다. 한 홀에서 10타 이상이 나오면 그 홀 스코어는 9로 적
   는다는 말이다. 특정 홀이 12개 홀에 포함될 것을 기대해 그 홀에서 일부러 '하이스코어'를 냄
   으로써 핸디캡을 올리려는 의도를 미연에 막기 위해서다.

② 참가자들의 핸디캡 상한선은 24다. 숨겨진 12개 홀 스코어 누계가 68 이상이면 68로 하고 핸
   디캡은 24로 한다는 말이다.

집계를 빠르게 하는 방법

스코어 카드상의 스코어를 오버파만 적도록 하면 나중에 계산이 쉽다. 예컨대 파4홀에서 보기를
할 경우 '5' 대신 '1'로 적으라는 말이다. 그러면 나중에 12개 홀 스코어를 낼 때 그 숫자만 합한
뒤 48을 더하면 된다. 미리 그 코스의 스코어 카드를 입수, 숨겨 놓을 12개 홀을 선정해야 한다.
조심해야 할 것은 위에서 말했듯이 파4홀이 8개(전·후반 4개씩), 파3와 파5홀이 2개씩(각각 전·
후반 1개)이 되도록 하는 것이 좋다. 그래야 합하여 파가 48이 된다. 그런 뒤 그 12홀의 스코어를
적는 난(4명 모두)을 미리 칼로 오려내 버린다. 맨 앞의 골퍼 이름 쓰는 부분도 오려내야 한다. 나
중에 선수들이 낸 스코어 카드와 이 오려낸 스코어 카드를 오버랩시키면 선수 이름과 숨겨진 12
개 홀의 스코어가 확 눈에 들어온다. 그러면 그것만 합산하면 된다.

사례

한 골퍼가 92타를 쳤는데 나중에 보니 숨겨진 12개 홀에서 모두 보기를 범했다고 하자. 그러면
숨겨진 12개 홀 스코어 합계는 60타(48+12)가 된다. 조견표에서 60을 보면 그 옆 숫자는 14.4가
나오는데 이것이 그 골퍼의 그날 핸디캡이다. 따라서 그 골퍼의 네트스코어는 77.6타(92-14.4)가
된다. 이 네트스코어를 가지고 다른 참가자와 비교해 순위를 가린다. 네트스코어가 같을 경우 핸
디캡이 낮은 참가자가 이긴다.

또 다른 예를 들어본다. 한 골퍼가 그날 73타를 쳤다. 그런데 숨겨진 12개 홀에서 모두 파를 했
다. 그러면 숨겨진 12개 홀 스코어는 48타가 된다. 조견표에서 48을 보면 핸디캡이 0으로 나온다.
그날 그 골퍼의 핸디캡은 0이므로 네트스코어는 73타(73-0)가 된다. 이 73타를 가지고 다른 참
가자들의 네트스코어와 비교해 순위를 정한다.

더블 페리오 방식 조견표 <small>(파 72의 경우)</small>

12개 홀 합계 스코어	핸디캡
48 이하	0.0
49	1.2
50	2.4
51	4.8
52	4.8
53	6.0
54	7.2
55	8.4
56	9.6
57	10.8
58	12.0
59	13.2
60	14.4
61	15.6
62	16.8
63	18.0
64	19.2
65	20.4
66	21.6
67	22.8
68 이상	24.0

Callaway System
캘러웨이 방식

아마추어들의 친선 경기에서 참가자들의 핸디캡이 정확하지 않다고 생각될 때 보편적으로 이용되고 있는 방법이다. 미국의 프로골퍼 라이오넬 F 캘러웨이가 1957년에 고안한 것으로 당일의 스코어를 기준으로 일정한 표에 따라 '차감 및 조정'을 거친 뒤 참가자들의 핸디캡을 결정한다. 핸디캡이 나오면 그로스스코어에서 핸디캡을 빼 네트스코어를 계산한 뒤 그것으로 순위를 정하는 것이다.

사례

A씨의 당일 스코어가 96이라고 하자. 먼저 표에서 96을 찾은 뒤 그 오른쪽에 있는 '차감'을 본다. 30이라고 돼 있다. 이는 18홀 가운데 '스코어가 가장 나쁜 세 홀'을 추려낸다는 의미. A씨의 스코어 중 스코어가 가장 나쁜 것이 9, 8, 7이라고 하자. 그것을 합치면 24가 된다. 다음은 표에서 96 아래쪽에 있는 난을 본다. '조정'란이다. 이 경우 '-2'다. 즉 24에서 2를 뺀 22가 A씨의 그날 핸디캡이 된다는 뜻이다. 따라서 A씨의 네트스코어는 74타(96-22)가 된다. A씨는 이 74타를 가지고 다른 참가자들과 견주어 순위를 가린다.

또 하나의 사례를 든다. B씨의 당일 스코어가 83타다. 가장 나쁜 홀 스코어는 6과 5다. 83타 오른편 '차감'을 보면 1과 2분의 1이다. 가장 나쁜 스코어 6에다 그 다음 나쁜 스코어 5의 2분의 1, 즉 2.5를 합하면 8.5가 된다. 그런데 단서 조항 ②에 따라 반올림하여 9가 된다. 다음 83타 아래의 조정란은 '0'이어서 조정할 필요가 없으므로 B의 당일 핸디캡은 9가 된다. 당연히 네트스코어는 74타(83-9)다. A와 B의 네트스코어가 같지만, 핸디캡 적은 B가 더 좋은 순위가 된다.

단서 조항

캘러웨이 방식에는 네 가지 단서가 있다. ① 한 홀의 스코어는 파의 배(더블파)를 넘을 수 없다. ② 2분의 1타는 1타로 계산한다. ③ 제17번째 및 18번째 홀 스코어는 차감하는 대상에서 제외한다. ④ 동타일 때에는 핸디캡이 적은 편이 우선한다.

실제 적용

처음엔 생소할 수 있다. 그러나 몇 차례 '총무 역할'을 하다 보면 익숙해진다. 일단 참가자들이 들어오는 대로 스코어 카드를 걷어야 한다. 스코어는 아마추어 골퍼들이 흔히 그러는 것처럼 0(파), 1(보기), 2(더블보기) 식으로 적기보다는 원칙대로 4(파), 5(보기), 6(더블보기)으로 적어야 가장 나쁜 홀 스코어를 쉽게 가려낼 수 있다. 스코어 카드를 받자마자 '더블파' 이상이 있는지 살펴서 있을 경우엔 더블파로 수정해야 한다. 단서 조항 ①에 의거한 것으로, 특정 홀에서 비정상적인 스코어의 편차를 줄이려는 의도다. 끝으로 차감하는 가장 나쁜 홀 스코어가 17, 18번째 홀에 있다면 그것은 제외해야 한다. 인에서 출발했다면 8, 9번홀이 해당된다. 왜냐하면 이 방식을 악용, 일부러 핸디캡을 높여 네트스코어를 낮추려고 마지막 홀에서 의도적으로 높은 스코어를 낼 수 있기 때문이다. 좀 번거롭기 때문에 요즘엔 더블 페리오 방식을 많이 쓴다.

스코어					차감	
		70	71	72	0	차감 및 조정 없음
73	74	75	-	-	$\frac{1}{2}$	가장 나쁜 홀 및 조정
76	77	78	79	80	1	〃
81	82	83	84	85	$1\frac{1}{2}$	〃
86	87	88	89	90	2	〃
91	92	93	94	95	$2\frac{1}{2}$	〃
96	97	98	99	100	3	〃
101	102	103	104	105	$3\frac{1}{2}$	〃
106	107	108	109	110	4	〃
111	112	113	114	115	$4\frac{1}{2}$	〃
116	117	118	119	120	5	〃
121	122	123	124	125	$5\frac{1}{2}$	〃
126	127	128	129	130	6	〃
-2	+1	0	-1	+2	조 정	

※주 ① 한 홀의 스코어는 파의 배를 넘을 수 없다. ② 2분의 1타는 1타로 계산한다.
③ 제17번째 및 18번째 홀 스코어는 차감하는 대상에서 제외한다. ④ 동타일 경우 핸디캡이 적은 편이 우선한다.

180가지 사례로 본

스코어를 줄이는 골프규칙 100

지은이 | 김경수
펴낸이 | 김경태
펴낸곳 | 한국경제신문 한경BP
등록 | 제 2-315(1967. 5. 15)

제1판 1쇄 발행 | 2010년 8월 10일
제1판 5쇄 발행 | 2011년 10월 5일

주소 | 서울특별시 중구 중림동 441
홈페이지 | http://www.hankyungbp.com
전자우편 | bp@hankyungbp.com
기획출판팀 | 3604-553~6
영업마케팅팀 | 3604-595, 555   FAX | 3604-599

ISBN 978-89-475-2765-1   03690
값 15,000원